Lettre à Thierry

Souvenirs et coups de gueule

Jean-Michel Larqué
avec la collaboration de
Hugues Berthon et Jean Rességuié

Lettre à Thierry

Souvenirs et coups de gueule

éditions du
Toucan

ISBN 978-2-81000-580-2

© 2014, Éditions du Toucan

Éditions du Toucan – éditeur indépendant
16, rue Vezelay, 75008 Paris.

www.editionsdutoucan.fr

Vendredi 11 octobre 2013.
Saint-Pée-sur-Nivelle.

Mon cher Thierry,

Je continue à suivre le foot et le rugby depuis le Pays basque, où je me suis marié avec Régine. « Madame Régine », comme tu disais en rigolant, est devenue madame Larqué. Ta femme Françoise était de la noce. Sa présence m'a réchauffé le cœur. J'ai pensé à toi ce jour-là, comme je pense souvent à toi. Le Mondial qui se profile me rappelle cet Euro 2012 que nous n'avons finalement pas commenté ensemble. Je ne t'oublie pas. Le public ne t'oublie pas. Il me le confie régulièrement à la radio, dans la rue, dans les couloirs de la télévision. Un quart de siècle à arpenter tous les deux les stades de France, d'Europe, du monde entier, ça en fait des souvenirs ! À la télé, les téléspectateurs nous voyaient furtivement derrière nos micros au coup d'envoi, à la mi-temps et à la fin des rencontres. Ils nous entendaient tour à tour nous enflammer, nous indigner, nous amuser, lorsque nous commentions. J'avais envie de les entraîner un peu plus loin en notre compagnie, dans les coulisses de notre aventure, pour prolonger avec eux ces moments d'amitié et de complicité qu'ils partageaient avec nous. Je voulais aussi faire le point sur ce sport qui nous a tant fait vibrer. À quoi ressemble-t-il en 2014 ? Qu'en aurions-nous dit toi et moi ?

Je vais essayer de nous raconter un peu...

Prologue

Quand je me suis fait licencier de TF1 à la fin de l'été 2010, après la calamiteuse Coupe du monde des Bleus en Afrique du Sud, je me souviens avoir déclaré dans une interview que rien ni personne, pas même toi, Thierry, ne me pousserait à refaire de la télé. Une déclaration qui a laissé ma femme dubitative...

Mais cette compétition, tant sur le plan sportif que professionnel, ne m'avait pas procurée de grandes émotions. C'est le moins qu'on puisse dire ! Aux commentaires sur TF1, notre duo avec Christian Jeanpierre ne décollait pas. Il ronronnait doucement. Pour être objectif, on était proche de l'encéphalogramme plat. Nous avions pourtant eu notre période d'adaptation, mais *in fine*, le mélange avait viré au «robinet d'eau tiède». Il n'y avait pas d'enthousiasme, même si, à notre décharge, les matchs n'étaient pas tous bons, et je ne parle pas seulement de ceux des Bleus. Avec l'ensemble de l'équipe de TF1, nous n'avons pas trouvé le tempo, ni pendant les retransmissions ni en dehors. Peut-être étais-je moi aussi responsable de cette ambiance morose. Je mets toutefois à part ma relation avec Arsène Wenger. Nous dînions souvent ensemble après les matchs et c'était toujours agréable d'échanger avec lui; des bouffées d'oxygène dans un climat bien gris qui tranchait tellement avec les grands moments que j'avais pu vivre en 1982, 1986, 1994 ou 1998! Oui, ce Mondial au pays de Mandela ne m'a procuré aucun plaisir, même si ce n'était pas le bagne et que je suis bien conscient que beaucoup d'amateurs de foot auraient tout de même bien échangé leur place contre la mienne. En rentrant en France, je n'étais vraiment pas satisfait du mois écoulé. Mais je n'ai eu ni le temps ni l'envie de ressasser. Chez moi, au Pays basque, je me suis remis à la tâche et occupé activement des mes stages de foot car l'activité bat son plein en été.

Un matin de juillet 2010, je traverse la cour du collège de Saint-Jean-de-Luz, quand mon portable se met à sonner. C'est Édouard Boccon-Gibod, le président de TF1 Production. Il souhaite que l'on se voie pour «évoquer ma situation». Que de dribbles inutiles alors que la chaîne veut seulement siffler la fin de la partie... Cinq ans après toi, Thierry, c'est donc de moi dont TF1 entend à présent se séparer. Je réponds à mon interlocuteur que je suis bien occupé ici et que l'on peut sans doute s'éviter de dépenser le prix d'un billet d'avion aller-retour pour Paris. «*Faites-moi une proposition d'ici vingt-quatre heures*», dis-je. Le lendemain, à l'heure dite, nouveau coup de fil. Boccon-Gibod m'annonce cash le montant de mes indemnités, qu'il arrondit au millier d'euros supérieur. Je donne mon accord. Mon licenciement a donc duré deux minutes et quinze secondes, le temps de deux brèves conversations téléphoniques ! Je n'ai pas essayé une seule seconde de défendre mon cas auprès de la chaine. Je savais que la décision avait été prise par le PDG, Nonce Paolini, de manière unilatérale. Les dés étaient pipés. Inutile de ramer. TF1 avait tranché, je subissais, bon gré, mal gré, sans aigreur. Depuis ce jour, je n'ai pas reçu de nouvelles de la direction, seulement un texto de Christian Jeanpierre. C'est la règle du genre.

À ce moment-là, je n'ai pas de plan B. En vingt-sept ans passés à TF1, aucun autre diffuseur ne m'a sollicité. Je ne m'imaginais pas qu'une chaîne viendrait me chercher. La télé pour moi à cet instant, c'était bel et bien terminé ! D'ailleurs, quand j'ai regardé le premier match diffusé sur TF1 après mon départ, ça ne m'a fait ni chaud ni froid. Je n'avais aucune nostalgie, aucune amertume, aucune animosité en entendant commenter

Lizarazu et Jeanpierre. Étonnamment, ma femme, elle, semblait se soucier de mes réactions. Elle était malheureuse devant la télé et m'a demandé plusieurs fois, comme pour s'en assurer, si je n'éprouvais réellement rien de particulier à ne pas être moi, derrière le micro. Mais non! De toute façon, si je lui avais dit que j'allais immédiatement «rechausser les crampons» pour de nouveau sillonner la planète et commenter des matchs, ça ne l'aurait sans doute pas fait rire. Mais en lui confiant que je n'en avais plus envie, elle s'inquiétait. Le paradoxe féminin, sans doute… À sa décharge, je conçois que la situation pour elle était compliquée. Moi, j'ai tendance à savoir tourner la page pour de bon. Je pense que c'est plutôt un atout d'ailleurs. Cette position m'a notamment servi quand j'ai arrêté ma carrière de footballeur professionnel. Et si j'arrêtais là les commentaires à la télé, il me restait RMC, ce qui était mieux qu'une compensation. Et puis rapidement, C Foot, l'éphémère chaîne de la LFP et L'Équipe TV, m'ont fait des propositions. J'ai donc repris les chemins des studios, mais pas des stades.

On a tendance à l'oublier, mais en 2010, tu as toi aussi couvert la Coupe du monde pour M6. Tu envoyais des petits reportages et faisais des plateaux pour la chaîne. Tu étais content de vivre l'événement de l'intérieur, même si tu ne commentais pas les matchs. Mais l'Afrique du Sud, ce n'est pas le Lichtenstein ou la principauté d'Andorre ! C'est un pays gigantesque. Je commentais des matchs tous les deux ou trois jours dans des villes, des provinces, des régions différentes et très éloignées les unes des autres. Il était donc difficile pour nous de se voir. Nous avons dîné ensemble au Cap, un soir. Et puis le fameux jour de la grève des joueurs et de l'épisode du bus à Knysna, tu m'as inévitablement appelé… et insulté ! Je t'ai rappelé que je n'y étais pour rien, tu n'as pas pu t'empêcher de t'emporter au téléphone. Tu as vécu cet épisode comme un affront terrible fait au sport et à nos couleurs. C'était une honte pour toi. Tu voulais renvoyer les joueurs en France «à coups de pied au derrière».

La dernière fois que je t'ai vu, Thierry, c'était à l'occasion des 80 ans de la Ligue de football professionnel, le 31 mai 2012. En ce soir d'anniversaire, je recevais le trophée du joueur totalisant le plus de titres de champion de France, avec Sydney Govou et Grégory Coupet, tandis que toi, tu remettais un trophée d'honneur à Pierre Cangioni, le créateur de *Téléfoot*. C'est ce soir-là qu'a été prise la dernière photo de nous deux. Je t'ai trouvé fatigué, un peu pâlichon, mais tu ne m'as pas fait part de soucis particuliers. Alors, je n'y ai pas prêté plus attention que cela... D'autant que tu étais souriant et rigolard, comme à ton habitude. Quelques jours plus tard, nous devions nous envoler pour la Pologne et l'Ukraine. Ce n'est pas du tout moi qui avais décidé de nos retrouvailles. C'était ton idée. Tu en avais envie. Tu aimais bien nos longs déplacements lors des Coupes du monde ou des Euro. Tu étais de la vieille école, celle qui bannit le changement et les séparations et qui se fait un devoir d'aller au bout des choses. Tu travaillais déjà sur M6 et m'avais dit plus d'une fois que ce serait sympa, qu'un jour ou l'autre, on refasse « *deux ou trois trucs à la télé ensemble*». Ma femme m'a bien sûr encouragé à te faire ce plaisir. Mais si elle m'avait demandé de ne pas repartir sur les routes avec toi pour une durée indéterminée, j'aurais été bien ennuyé! Ça tombait bien, cette nouvelle aventure n'était pas censée s'éterniser: M6 détenait les droits pour dix matchs en direct. Nous commenterions Pologne-Grèce, le match d'ouverture, le 8 juin et nous arrêterions au mieux en demi-finale, le 27 juin. Tu t'étais occupé de tout: je n'ai pas le souvenir d'un seul rendez-vous avec le président de M6, Nicolas de Tavernost. Tu avais personnellement veillé à la mise en place contractuelle de notre tandem, faisant l'interface entre ton employeur et moi-même. Quand tout a été ficelé, j'ai bien sûr finalisé cette prestation avec les dirigeants de la chaîne, au téléphone. Mais, je n'ai jamais mis les pieds dans un bureau de M6.

Avant l'Euro, nous n'avons pas vraiment discuté de la situation sportive des Bleus, du contexte international et des attentes des supporteurs. Bien sûr, nous nous téléphonions régulièrement pour commenter, entre nous, la liste des 23 ou telle petite info. Il s'agissait de réactions du style : « *J'aurais plutôt pris ce joueur que celui-là* ». On se faisait notre petit café du commerce tous les deux, mais on ne se lançait pas dans des analyses fouillées. Cela ne t'intéressait pas, en fait. Et puis, nous étions plus excités par nos retrouvailles et l'idée de retravailler ensemble que par les petites histoires autour de l'équipe de France ou même les affiches auxquelles nous allions assister. D'une manière générale, pas plus avant cet événement qu'un autre, nous n'avons tenté d'harmoniser nos points de vue. Tu avais des opinions bien tranchées. Si tu appréciais un joueur, tu étais capable de creuser ton sillon jusqu'au coup de sifflet final, même si ton « protégé » avait livré un piètre combat. Il était difficile, pour ne pas dire impossible, de te faire changer d'avis. Tu

trouvais toujours des excuses à ton joueur... Je
suis quant à moi plus factuel. Si un footballeur
avec lequel je n'ai guère d'atomes crochus fait
un bon match, l'analyse objective me pousse
à souligner sa prestation quels que soient mes
sentiments à son égard. Toi, tu étais définitif
dans tes jugements. Tu avais par exemple une
tendresse particulière pour les joueurs français
évoluant en Angleterre. Du coup, à l'antenne,
ceux-ci bénéficiaient d'un traitement de faveur
indépendant de leurs performances. Tu aimais
les joueurs sympathiques avec lesquels tu
pouvais rigoler. Et tu te moquais donc par
exemple de mes doutes déjà anciens sur Samir
Nasri, pour ne citer que lui.

PREMIÈRE PARTIE

LE FOOT EN DUO

– 1 –

J'attends Thierry...

(5 juin 2012)

Le 5 juin 2012, après un vol Biarritz-Paris, je suis dans un taxi entre Orly et Roissy, quand je décide d'appeler Thierry pour savoir où nous nous retrouvons à l'aéroport Charles de Gaulle. Notre avion doit nous conduire à Varsovie, en Pologne, où a lieu le match d'ouverture. Son téléphone ne répond pas. Je me dis que je dois être en avance. Je patiente un peu et je réessaye. J'insiste. Rien. Il ne décroche pas. J'appelle alors notre chargé de production qui me dit que Thierry était lui aussi dans le taxi en direction de Roissy, mais qu'il a dû rebrousser chemin car il ne se sentait pas bien. Il me confie encore que Thierry avait souffert de forts maux de ventre la nuit précédente et qu'il l'a dissuadé de prendre l'avion. «*Il nous rejoindra un peu plus tard*», conclut-il. Thierry était sujet à des coliques néphrétiques. Je pense instinctivement qu'il doit s'agir de ce genre de problème. Je parviens finalement à le joindre. Il me dit : «*Je n'ai pas passé une bonne nuit. C'est peut-être un problème de vésicule biliaire. J'ai vu mon médecin qui m'a prescrit des médicaments, mais ça ne fait pas vraiment d'effet.*» Il ne paraissait pas plus inquiet que ça. Thierry se voyait retapé dans les 48 heures, largement à temps pour l'ouverture de l'Euro. Ni pour lui, ni pour moi, le doute n'était permis, il couvrirait bien le premier match. Sa voix est claire et dynamique. Il serait là.

Contre toute attente, le médecin décide de l'envoyer à l'hôpital pour y subir une intervention plutôt qu'en Pologne. Moi, je me pose alors la question de savoir avec qui je commenterai le coup d'envoi de la compétition. M6 avait déjà désigné un joker, «au cas où», en la personne de Denis Balbir. Mais la chaîne était, elle, persuadée, à cet instant précis, que Thierry me rejoindrait à un moment ou à un autre. S'il allait manquer le premier match, il serait là au deuxième, au pire, au troisième. Et puis, les journées passent… Je lui téléphone quotidiennement. Au cours de nos conversations fréquentes et régulières entre l'Europe de l'Est et Paris, nous faisons le point sur sa santé. Je ne le sens bizarrement pas impatient – ou alors il l'a bien caché – de me rejoindre, malgré les jours qui défilaient. Je lui dis, fidèle à nos habitudes gastronomiques, que j'ai repéré un fameux petit restaurant italien dans Varsovie. «*Bon, bon,* me répond-il. *On l'essaiera dès que j'arrive.*» J'imagine qu'il n'avait même pas défait ses valises depuis son demi-tour sur le chemin de Roissy et attendait son bon de sortie de l'hôpital pour attraper le premier avion pour Varsovie ou Kiev.

Son état de santé a été beaucoup commenté en France. Mais seuls quelques confrères journalistes m'appellent sur place pour s'enquérir au plus près de ce mal qui cloue Thierry en

France. Je leur dis que bien sûr, je ne suis pas médecin, mais que Thierry m'avait laissé entendre que l'évolution serait rapidement favorable. Je discute avec son médecin au téléphone. Il me paraît assez réservé, considère que ce ne serait pas très prudent qu'il quitte l'hôpital, mais à aucun moment, le docteur Fraïoli ne me dit qu'il s'agit d'un problème plus grave que ces calculs biliaires. Me cache-t-il quelque chose? Je ne le crois pas. Il aurait trouvé les mots s'il avait dû me faire passer un message... Le constat est basique : Thierry doit faire face à une pathologie banale qui le prive temporairement d'exercer une activité normale. Finalement, soudainement, brutalement, mercredi 13 juin, Thierry déclare forfait pour l'Euro. Il avait subi une opération le vendredi précédent qui l'avait affaibli. Il ne commentera pas le match de la France contre l'Ukraine, contrairement à ce qui avait été prévu.

J'avais rarement commenté des matchs en Pologne. À Varsovie, le centre de presse n'est

pas trop loin de mon hôtel, je peux facilement
y faire mes émissions pour RMC. Bref, les
choses se passent très bien. La qualité de
l'équipe journalistique autour de Balbir et de
Joël Iscla, le responsable de production, fait
plaisir à voir. Les gens de M6 sont sympathiques et très attentionnés avec moi. Tout le
monde m'a accueilli à bras ouverts. Je passe de
bons moments avec mes nouveaux « collègues
de travail ». À l'antenne, une règle prime : ne
pas ennuyer les téléspectateurs ou les auditeurs
avec ses problèmes. Mais bien sûr, le fait de
savoir Thierry hospitalisé à Paris ne quitte pas
mon esprit. Et si notre duo ne pouvait pas
être reconstitué immédiatement, je n'allais
pas pour autant en vouloir à Denis Balbir.
J'aurais voulu qu'il soit à mes côtés autant que
Thierry le souhaitait. Mais la vie est ainsi faite.
Il y a ces matchs à commenter, une mission à
accomplir. C'était étrange et totalement neuf
pour moi de devoir travailler avec Denis. On
ne se connaissait quasiment pas. Nous sommes
partis à l'assaut du match d'ouverture sans filet.
Je me suis posé évidemment des questions : ne

25

va-t-il pas y avoir de «retard à l'allumage», ne risquait-on pas de se heurter à un mur ou de se prendre les pieds dans le tapis? Dans l'intérêt supérieur de la chaîne et par respect pour les nombreux téléspectateurs, nous étions tous les deux bien décidés à faire notre boulot du mieux possible. Régulièrement, et notamment lors du match d'ouverture, nous avons dit un petit mot à l'antenne à destination de Thierry. Un clin d'œil spontané et simple : on sait qu'il nous regarde, on le salue, on lui souhaite un prompt rétablissement et qu'il nous rejoigne le plus vite possible. Il n'y a pas besoin d'en faire un roman...

Au téléphone, Régine m'a reparlé de la soirée des 80 ans de la LFP. «*Je ne l'ai pas trouvé très en forme*», me dit-elle. Je lui fais part de mes discussions rassurantes avec le chirurgien de Thierry. Toutefois, le doute s'instille lentement. Thierry a commencé par me dire qu'il arrivait sous deux jours. Quarante huit heures plus tard, il n'était pas là et devait se faire opérer. Une seconde opération se profile, même. Quand je remets tout ça dans l'ordre, ça commence à faire beaucoup. J'ai beau le sentir optimiste, je me pose malgré tout des questions. Il a 74 ans. Il a eu un gros pépin de santé plusieurs années auparavant. Il a un physique de «pinson», ce n'est pas un gros gabarit et il n'a pas une santé de fer. Et il a bien profité de la vie...

2

Thierry est mort

(16 juin 2012)

Nous ne nous sommes pas parlé le vendredi 15 juin, jour de victoire pour les Bleus *(Ukraine-France, 0-2)* à Donetsk, après un orage si violent, que le match a dû être décalé, peu de temps après le coup d'envoi… Le climat est particulier. Je rentre tard à l'hôtel. Jacques Vendroux m'appelle au petit matin. J'ignorais qu'il était descendu dans le même hôtel que moi. Il me dit au téléphone : « *Thierry est parti.* » Françoise Boulain, la femme de Thierry, l'avait prévenu dans la nuit de cet AVC fatal. Spontanément, Vendroux me dit de le rejoindre dans sa chambre. Qu'est-ce que ça allait changer ?

« *Viens tout de même…* » Je le retrouve. Pour Vendroux aussi c'est le choc. Françoise Boulain avait eu Thierry à l'hôpital après la victoire des Bleus. Il était content, il déconnait… Dans sa chambre, avec l'ami Vendroux, on commence instinctivement à se responsabiliser et à se culpabiliser. Avons-nous fait tout ce qu'il fallait pour Thierry ? N'avons-nous pas pris son état à la légère ? N'avons-nous pas fait d'erreur en insistant pour qu'il vienne ? N'aurions-nous pas dû lui dire de rester tranquillement à Paris ? Qu'il se fasse opérer une fois pour toutes et qu'on se retrouve en forme pour la Coupe du monde 2014. Nous avons passé une heure sombre tous les deux avec Jacques Vendroux. Me revient à l'esprit la disparition de Thierry Gilardi. Ça commence à faire beaucoup. J'ai attendu une heure décente avant d'appeler ma femme pour lui annoncer la mort de Thierry. Elle l'aimait beaucoup.

Pour couper court à trop de sollicitations, j'accepte de témoigner au micro de RMC et devant les caméras de BFMTV à 9 heures du matin, face à Jano Rességuié. L'interview se déroule en extérieur. Le temps est magnifique. Quel contraste par rapport à l'orage et au ciel d'encre de la veille! Mais à vrai dire, je ne réfléchis pas. Il s'agit de circonstances exceptionnelles que je ne maîtrise pas. Je réponds à la première question. La nouvelle est encore si fraîche. J'éprouve un sentiment d'injustice. C'est très émouvant. Je ne retiens pas mes larmes. On me considère parfois comme quelqu'un d'assez rigoureux, voire dur et intransigeant. Me voir sensible a dû surprendre les gens. Mais il n'y a pas de honte à faire ressortir ses sentiments. Je ne suis pas un acteur! Je n'étais ni le fils, ni le père de Thierry, seulement son ami. Je devais parler. Alors autant le faire avec des gens en qui j'ai confiance. Je n'ai pas voulu que l'interview de BFMTV soit diffusée sur TF1. C'était hors de question après ce que les anciens dirigeants de cette chaîne avaient fait à Thierry. Avec des voix éplorées, quelques journalistes ont bien essayé de me faire changer d'avis. C'était inutile! J'ai même reçu un message de Claire

Chazal sur mon portable, auquel je n'ai pas répondu. Heureusement que personne n'a demandé à Sylvaine Mignogna, notre ancienne assistante de production sur TF1, de me faire passer ce message. J'aurais été très ennuyé de refuser quelque chose à Sylvaine. Je n'aurais pas pu. Mais elle est maligne... À ceux qui se sont adressé à elle, elle a seulement dû proposer de communiquer mon numéro de téléphone. Ça les a refroidis.

Je n'ai pas eu la même réaction professionnelle à la mort de Thierry qu'à celle de Gilardi. Le lendemain de sa disparition, j'avais refusé de commenter le match amical France-Angleterre *(1-0, le 26/03/2008)*. Gilardi était jeune. 49 ans... Sans être paranoïaque, le climat à TF1 n'incitait pas à la sérénité. Tout cela manquait de franchise. C'était l'époque du paraître, du superficiel, du faux-semblant et du *bling-bling*. Je n'adhérais pas à cet état d'esprit. Après l'annonce du décès de Gilardi, j'ai donc vu et entendu beaucoup de tartufferies. Pour être clair, je n'avais pas envie de passer outre ma tristesse et mon émotion pour ces gens-là. Et bien m'en a pris !

Le contexte et l'ambiance autour de moi ont fait beaucoup dans mon choix de poursuivre ma mission pour M6. Le courant passait. C'étaient des professionnels, mais d'une simplicité agréable ; le genre de personnes auxquelles on a tout de suite envie de renvoyer l'ascenseur. On s'était déjà croisés en Roumanie l'année précédente. Il y a des personnes pour lesquelles on est prêt à se dépasser, à se violenter, à se « dépouiller » comme on dit dans le football. Nicolas de Tavernost m'a appelé, il a tout fait pour me faciliter la tâche… En un mot, il s'est comporté en grand seigneur. J'ai donc commenté France-Suède *(0-2, le 19/06/2012)*, avant les funérailles de Thierry, alors que M6 m'avait, de sa propre initiative, proposé de ne pas le faire ! Je n'envisageais pas de ne pas honorer cet engagement. Sur place, je réalise que la mort de Thierry touche aussi énormément de Français. Fait rarissime, à la demande de Michel Platini, une minute de silence est observée avant le coup d'envoi de France-Suède. Thierry était aimé et apprécié par l'immense majorité des amoureux du sport. Il a eu des amis dans la boxe, le foot, la natation, l'hippisme, l'athlétisme… Hélas, une certaine partie de ses confrères lui ont taillé des croupières, le considérant publiquement comme « *un immense beauf* ». Je mets évidemment en doute la sincérité de ces gens-là quand il s'est agi de rédiger la nécrologie de Thierry dans leur média ! Je ne les nommerai pas ici, ils se reconnaîtront.

3

L'adieu

(21 juin 2012)

Pour rentrer de Kiev, où s'était joué France-Suède, à Paris, où avaient lieu les obsèques de Thierry deux jours plus tard, Michel Platini m'a proposé d'emprunter l'avion de l'UEFA. C'est finalement avec celui de Jacques Rousselot, président de Nancy et membre du Comité exécutif de la FFF présent sur place, que je regagne la France. Il ne se pose même pas la question de me déposer à Nancy, mais demande au pilote de rejoindre directement Paris pour moi. Son retour en Lorraine attendra. Quelle gentillesse ! M6 offre de son côté d'organiser la venue de Régine depuis le Pays basque. On se retrouve la veille des obsèques. Je n'avais qu'une envie, rendre visite à Thierry. Avec Françoise Boulain, leur fils Gary et sa fiancée, des amis du Variétés Club, nous sommes allés dîner au San Francisco, le restaurant italien préféré de Thierry, au pont Mirabeau. On y évoque les derniers détails pour la messe du lendemain. Avant les obsèques, nous avons déjeuné en petit comité chez Nicolas de Tavernost, qui habite dans le même immeuble que Thierry et Françoise. Puis, nous nous sommes rendus au funérarium. J'ai demandé à Françoise de pouvoir me recueillir dans la chambre mortuaire où repose Thierry. Je suis tout seul quand les employés des pompes funèbres referment le cercueil. Je suis le dernier à l'avoir vu. Ni Françoise ni Régine ne souhaitaient assister à ce moment. J'en avais envie. Besoin. Il fallait que je sois présent à cet instant ; je me suis naturellement tenu à sa gauche, la position que j'occupais lors du millier de matchs que nous avons vécus côte-à-côte. Ce jour-là, c'est très difficile. Nos souvenirs communs se sont mis à défiler sous mes yeux. J'ai eu l'impression que ces cinq minutes passées avec mon ami défunt avaient duré le temps d'un long film.

Le 21 juin, les funérailles de Thierry ont lieu en l'église Sainte Clotilde, à Paris dans le VIIe arrondissement. Il y aura du monde, mais je sais que je n'aurai pas envie de m'éterniser à la sortie de la messe. Le matin, je suis allé garer ma voiture non loin de l'église ce qui me permettra à l'issue de la cérémonie de circuler facilement et d'éviter les nombreux barrages de sécurité qui se mettaient déjà en place. J'aperçois plus que je ne vois tous les gens présents aux obsèques. Politiques, dirigeants, journalistes, footballeurs... oui, le tout Paris est là. Je ne me soucie guère des flashs et des objectifs qui se braquent sur moi, guettant mes réactions. Je suis là pour Thierry, pas pour la galerie. Je reste un peu avec nos amis, ceux du Variétés, José Covès, Roger Zabel. Ils sont le symbole de tant de bons souvenirs ensemble. Zabel a cette faculté de faire rire, malgré lui, dans les moments difficiles. C'est un garçon généreux! De le voir me rappelle nos nombreuses soirées de «déconnade» avec Thierry… C'était du très haut de gamme. Les trois semaines que nous avons vécues tous les trois à l'Euro en Suède en 1992 restent un sacré moment, une longue succession de fous rires. Les filles de notre équipe, Sylvaine et Astrid van der Gucht, notre scripte, n'étaient pas en reste. Qui aurait vu Thierry, que l'on traitait de misogyne, partager ces moments de franche rigolade et de bonne camaraderie avec nos jeunes collègues n'aurait jamais tenu de tels propos! Retrouver Covès détend aussi l'atmosphère. Entre nous, les anecdotes fusent. C'est un peu de soleil dans l'eau froide, glaciale même, de cette journée.

Je crois pouvoir dire que «la grande famille du football» était réunie autour du cercueil de Thierry, même si je manie cette expression avec beaucoup de délicatesse. Il n'y avait par exemple pas beaucoup de jeunes joueurs, en tout cas des dernières générations. Même si Laurent Blanc à l'Euro avait eu une attitude

tout à fait digne en leur faisant observer une
minute de silence au centre du terrain et en
évoquant sa disparition, c'était plutôt des
joueurs un peu plus anciens qui étaient là
à l'église. La «grande famille du football» est
sans doute moins nombreuse et moins unie
qu'on ne voudrait bien l'imaginer, mais j'ai
la faiblesse de croire qu'elle existe. Quelques
mois plus tard, à l'occasion du match amical
France-Allemagne *(1-2, le 6/02/2013)*, une
plaque commémorative a été dévoilée,
donnant le nom de Thierry Roland à la tribune
de presse. J'étais dans mon coin, lors de l'inau-
guration. À la fin, j'ai posé pour la photo. Tout
le monde y est allé de son petit compliment
à la gloire de Thierry. Mais il y avait dans ce
cérémonial un côté un peu faux-cul qui ne
m'a pas échappé. Cet hommage n'était hélas
pas l'initiative de l'UJSF (Union des journalistes de sport en France), mais une idée de
Jacques Vendroux et du directeur du Stade
de France. À mes débuts dans le journalisme,
et même un peu avant lorsque je jouais encore
au football, je voyais les Thierry Roland, Guy

Kédia, Eugène Saccomano, Jacques Vendroux, Bernard Roseau... toujours ensemble. Ils semblaient bien s'entendre et s'entraider. Cela ressemblait véritablement à une confrérie. Ces journalistes-là ne se tiraient pas dans les pattes ! Petit à petit, la mentalité a évolué. On est entrés dans l'ère du chacun pour soi, ou presque. À la fin, Thierry faisait figure de dernier des Mohicans. Il ne se reconnaissait pas dans cette évolution. C'est bien que cette plaque existe, mais je n'ai pas besoin de cela pour me souvenir de Thierry quand je reviens au Stade de France...

4

De la rencontre au tandem

(1970-2005)

Lors de la saison 1965/1966, je dispute mes premiers matchs professionnels avec l'équipe de Saint-Étienne tandis que Thierry jouit déjà d'une solide notoriété. Il a noué contact avec les internationaux du club – Bosquier..., Carnus ou Herbin –, qui sont d'ailleurs plus de sa génération. Je n'ai pas 20 ans. Je suis légitimement un peu en retrait quand s'improvisent les rencontres entre les journalistes et les joueurs. En juin 1969, j'obtiens mon professorat d'éducation physique et je passe professionnel : un parcours atypique dans le milieu. Bac + 4 et champion de France, je m'apprête à disputer la finale de la Coupe de France. C'est sans doute ce profil qui a intéressé Thierry. Il vient à Saint-Étienne réaliser un petit portrait du «jeune Larqué». On se retrouve au centre d'entraînement de l'Étrat, où je m'occupais du club des jeunes. Quand Thierry arrive, je suis sur la tondeuse autoportée en train d'égaliser la pelouse. Je ne me souviens pas d'avoir été particulièrement déstabilisé par ses questions qui ne réservent dans l'ensemble aucun piège, d'ailleurs ! Thierry a fait son reportage et je les ai reconduits, lui et son équipe à la gare de Chateaucreux. Il supportait le Racing Club de Paris, mais dans son cœur, toutes les équipes françaises lui plaisaient. Angers, Nice, Monaco, Bordeaux, Lens, Lille… chaque club lui rappelait de très bons souvenirs. À l'époque, il était autant pour Lyon que pour Saint-Étienne. Ce n'est pas un quelconque parti pris qui l'a conduit vers Geoffroy-Guichard, seulement la passion du ballon et du beau jeu. Quand les Verts deviennent l'attraction du championnat, qu'ils réalisent le doublé en 1968 et 1970 et quelques bonnes performances au plan européen, tout observateur professionnel devait se rendre dans le Forez. À partir de 1972-1973, tous les quinze jours débarquent bien sûr les journalistes du coin, mais aussi une dizaine de parisiens, toujours les mêmes, Kédia, Roseau, Saccomano, Vendroux, Nataf, Mahé et Roland en tête. Ils tiennent à couvrir l'affiche de la journée. Si ses confrères sont issus de la presse écrite ou de la radio, Thierry, lui, travaille déjà à la télé où je l'écoutais commenter. Thierry est pour nous, joueurs, une sorte de vedette. À cette époque-là, encore plus qu'aujourd'hui, les médias font l'opinion. Ce qu'écrivent Jacques Ferran dans *France Football* et Jean-Philippe Réthacker dans *L'Équipe*, a du poids. La rubrique «Le jeu et les joueurs», ancêtre des notes données aux footballeurs après un match, fait trembler. L'avis de ces observateurs compte! Sans se compromettre dans notre comportement ou nos déclarations, on prête évidemment attention à ce qu'ils disent. On établit alors une certaine proximité avec ces journalistes,

43

mais gardons toujours une courtoisie distante et un respect.

Le football français est alors au plus mal. La France ne se qualifie pas pour les Coupes du monde de 1970 et 1974, ni pour l'Euro en Belgique, en 1972. Nantes se fait éliminer de la Coupe d'Europe des clubs champions en 1974 par l'obscur club danois de Vejle. Marseille a le redoutable honneur d'affronter l'Ajax d'Amsterdam et se fait battre à domicile *(1-2, le 20/10/1971)* puis étriller en Hollande *(4-1, le 3/11/1971)*. C'est le néant, le trou noir pour le ballon rond en hexagone. Une sorte d'union sacrée s'établit entre tous les acteurs du milieu. Les journalistes, qui partagent la galère des footballeurs, se réjouissent des exploits des Verts qui sont un moyen de s'extraire de cette mélasse. Ils ne clouent pas au pilori tel ou tel individu comme très souvent les observateurs le font aujourd'hui, moi le premier. Ils entendent valoriser ce sport. Et visiblement, le public aussi si l'on se souvient de l'élan de sympathie qui suivit ces bons résultats.

44

Thierry partageait cette vision et suivait donc nos aventures européennes au plus près. Le président de l'ASSE, Roger Rocher, avait inventé les vols charters du foot, les journalistes voyageaient avec nous dans les avions privés que nous empruntions.

On se fréquente donc de plus en plus souvent avec Thierry. Il n'y a pas de conférence de presse organisée à l'issue des matchs et le concept de zone mixte – l'endroit où les journalistes, parqués derrière une barrière, guettent les joueurs dans l'espoir de recueillir quelques déclarations – est encore loin d'avoir germé dans l'esprit des dirigeants du foot et je n'ai jamais participé à un entrainement à huis clos. Les journalistes pénètrent à leur convenance dans les vestiaires, face à des joueurs à moitié à poil pour les interviewer dans la buée des douches. C'était vraiment des réactions à chaud qu'ils venaient chercher dans nos vestiaires. Quand on sait le nombre d'autorisations qu'il faut recueillir pour espérer une micro-déclaration d'un pro après match,

cela paraît impensable aujourd'hui ! Jacques
Vendroux, initiateur du Variétés est souvent là
aussi. Il joue gardien de buts, enfin, il essaye.
Ses piètres prestations face à nous lors d'entraînements improvisés nous redonnent
confiance et nous font du bien au moral ! Il
s'entend bien avec Thierry et cela facilite nos
rapports. On dîne très souvent ensemble après
les matchs. L'un d'entre nous quitte la table du
Petit Coq le premier pour raccompagner nos
camarades journalistes à la gare de Chateaucreux, pour prendre l'Aquilon de minuit et
demi qui les reconduira à Paris. Ces moments
chaleureux, réguliers, bon enfant, créent des
liens. Quand on voit quelqu'un deux ou trois
fois par mois, une relation s'établit. Nous nous
sommes rapidement sentis des atomes crochus
avec Thierry. En 1978, j'ai passé la trentaine
et je viens jouer au PSG. La seule chose qui
change dans notre relation, c'est que l'on se
voit désormais à Paris. Nous allons régulièrement dîner dans le club branché de la chan-
teuse Dani, L'Aventure, avenue Victor Hugo.

Et puis vient l'heure de notre première collaboration à la télévision, sur Antenne 2, la naissance de notre duo, à l'occasion d'une déculottée infligée aux Verts de Saint-Étienne par les Allemands du Borussia Mönchengladbach en quart de finale de la Coupe de l'UEFA *(1-4, le 5/03/1980)*. Robert Chapatte, qui dirigeait le service des sports, décide de conforter notre tandem au détriment de Bernard Père, avec lequel Thierry avait l'habitude de commenter. C'est une décision délicate pour lui, qui n'aimait pas bousculer ses habitudes d'une part et qui était le parrain d'une des jumelles de Bernard, d'autre part. Il était pris entre le marteau et l'enclume. Ça le rendait très mal à l'aise, mais à sa décharge, il n'était pas responsable des choix de ses supérieurs hiérarchiques. Bernard Père n'a plus jamais parlé à Thierry, tant il lui en voulait... Notre binôme reposait avant tout sur notre relation, déjà éprouvée. Nous avions passé toutes ces années à nous côtoyer et forcément, à parler ballon, même s'il n'était pas le technicien ni le tacticien le

47

plus précis qu'il m'ait été donné de rencontrer. Ce n'était pas un scientifique du football ! Ce qui l'intéressait par-dessus tout, c'était le match, les belles actions, l'engagement des joueurs et si possible, la victoire de l'équipe de son cœur. Avec Bernard Père, Thierry était habitué à se répartir les tâches. À tour de rôle, ils commentaient, se cédaient la parole, mais chacun dans le même rôle. J'arrivais moi pour apporter une touche technique. Cela changeait sensiblement la donne. Il a dû s'adapter et me laisser expliquer pourquoi une action n'avait pas abouti ou comment était né un but, selon la volonté de Robert Chapatte. Nous avons cadré cette ambition lors de petites réunions informelles chez Chaumette, à deux pas de la Maison de la radio. En deux années, notre ping-pong verbal prend forme. Nous sommes vraiment deux à l'antenne. Si son avis est important, il laisse aussi la place au mien. Les émissions de décryptage des médias n'existent pas. On nous laisse tranquilles et le public est moins impatient. Deux ans pour se rôder à la télévision ça paraît une éternité en 2014! Nous, nous avons eu le temps de nous installer. Heureusement, car lors de nos premiers matchs commentés ensemble au micro d'Antenne 2, nous n'avons pas tout de suite trouvé la fluidité et la complémentarité qui ont fait notre duo. Thierry avait en outre la particularité de creuser son sillon au micro. Il était très – parfois trop – dans son match et avait tendance à ne pas m'écouter. Il déroulait son commentaire sans jamais rebondir sur ce que je venais de dire. Au contraire, il repartait bille en tête sur son idée. L'astuce a été pour moi de capter son attention. J'avais trouvé le truc, je commençais mes interventions par son prénom. Du coup, quand il m'entendait dire : « *Mais Thierry, ne pensez-vous pas… ?* », il tendait un peu l'oreille. C'est aussi cette apostrophe systématisée qui a prêté le flanc à la caricature et au célèbre *Tout à fait, Thierry !* popularisé par Les Guignols de Canal + . Car enfin, si j'ai utilisé moi-même cette locution, je n'ai pas dû en abuser, en tout cas, pas au point qu'elle devienne si familière et si utilisée à toutes les sauces, dans tous les milieux.

Ce qui m'a toujours impressionné chez Thierry, c'était sa facilité à prendre l'antenne sans avoir écrit la moindre note, sans lire une ligne. Mes jeunes confrères de RMC qui animent de longs talk-shows sur le foot écrivent au minimum leurs cinq ou dix premières phrases de lancement, qu'ils gardent sous les yeux comme une anti-sèche, quand le micro s'ouvre. Thierry n'avait rien. Il déroulait son petit laïus, sans fausse-note : « *Mesdames et Messieurs, bonsoir et bienvenue ici au stade de Gerland pour assister à la rencontre qui va opposer l'Olympique Lyonnais à l'Ajax Amsterdam pour ce premier tour de la Ligue des Champions. Au match aller, l'Ajax s'était imposé. L'objectif des Lyonnais est simple, ils doivent l'emporter ce soir à tout prix...* » Bref, il était parti, sans interruption, ni hésitation et retombait toujours sur ses pattes. Je veux bien croire à la force de l'habitude, mais il fallait aussi du talent !

Le match qui a fini de sceller notre alliance est sans hésitation la demi-finale de la Coupe

DE LA RENCONTRE AU TANDEM

du monde France-Allemagne à Séville *(3-3 après prolongation, 4-5 aux aux tàb, 8/07/1982).* Ce match, qu'on évoque encore trente ans après, fut si intense qu'on écrit même des livres à son sujet. Nous sommes aux premières loges pour faire vivre cet événement aux téléspectateurs français et j'ai le sentiment que nous réussissons notre partition. J'annonce même le troisième but de Giresse, pendant la prolongation, avant qu'il ne marque. Je dis à l'antenne que Didier Six doit passer le ballon en retrait pour Giresse. Ce qu'il fait et qui conduit au but. Robert Chapatte a considéré ça comme le symbole du job d'un consultant : voir les choses avant les autres pour les avoir vécues de l'intérieur. À 3-1 pour les Bleus, à moins de vingt minutes du coup de sifflet final, Thierry s'emballe et me dit : « *C'est in the Pocket !* » Je suis beaucoup plus prudent et quand je lui réponds qu'il faut se méfier de la Mannschaft, ça le refroidit. Le dénouement de ce match épique m'a hélas, donné raison. Mais en associant l'enthousiasme et la mesure, le factuel et l'anticipation, notre duo avait pris forme. Je mesure la chance qui a été la nôtre de commenter ce match. L'affiche a fait beaucoup pour nous. Il valait mieux que l'on se distingue lors d'une demi-finale de la Coupe du monde avec l'équipe de France que lors d'une affiche plus anodine. Très souvent avec Thierry, après un bon match, au cours duquel nous estimions, nous aussi, avoir bien fait le boulot, on soufflait, on échangeait des regards et on profitait de l'instant. « *Good game!* », disent les Anglais pour accompagner ce sentiment du travail accompli.

Depuis, nous en avons vu des bons matchs! Où situer par exemple le 12 juillet 1998 qui sacre la France championne du monde? Ce match a littéralement rendu fou Thierry. Je pense qu'il a réalisé ce que pouvait être le stress d'un joueur avant un grand rendez-vous qui peut changer le cours d'une vie. Ce soir d'été, assis à côté de Thierry dans nos fauteuils de commentateurs au Stade de France, je ne contrôle plus rien. Je le vois tout excité, j'entends son enthousiasme et je me marre.

« *L'équipe de France est championne du monde en battant le Brésil 3-0 ! Vous le croyez ça ? Deux buts de Zidane, un but de Petit. Je crois qu'après avoir vu ça, on peut mourir tranquille. Enfin, le plus tard possible.* » Cette étoile décrochée par les Bleus a considérablement détendu Thierry. Ce résultat a même changé sa façon d'appréhender son métier. Il était jusque-là presque un peu jaloux de ses collègues allemands ou sud-américains qui avaient déjà eu la chance de commenter la victoire de leur pays en Coupe du monde. Dès l'an 2000, lors de l'Euro aux Pays-Bas et en Belgique, je le sens moins inquiet. Il me dit moins fréquemment : « *Pourvu qu'on ne prenne pas une volée* », avant un match. En 1982, lors du premier match des Bleus à Bilbao contre l'Angleterre, l'équipe de France prend une « *bonne branlée* » *(1-3, 16/06/1982)*. Thierry était catastrophé, il avait pris un gros coup au moral, ça l'avait envoyé au fond du trou. À l'inverse, en 2002, pendant le Mondial en Asie, l'équipe de France est nulle, mais ça ne le tracasse pas plus que ça. Il aurait évidemment préféré que tout fonctionne, mais il n'est plus autant attaché au résultat. L'effet Jacquet est passé par là. Quoi qu'il advienne désormais, les Bleus avaient été et étaient pour toujours champions du Monde et ce titre s'inscrivait finalement aussi au palmarès de Thierry. Il avait touché son Graal, gravi son Éverest, atteint son Nirvana.

5

Nos ultimes retrouvailles
à la télé

(6 septembre 2011)

Je n'ai pas ressenti de manque après l'arrêt de notre duo, au lendemain de la finale de la Coupe de France 2005 *(Auxerre-Sedan, 2-1, le 4/06/2005)*. Tout d'abord, parce que je continuais à commenter des matchs et puis parce que nous étions toujours amis, avec Thierry. Si je n'habitais plus Paris, j'y venais souvent et c'était toujours l'occasion de se voir. Nous nous parlions très régulièrement, notamment de sport ! Il n'hésitait pas à me téléphoner pendant des matchs qu'il suivait à la télé pour me faire part de ses remarques et que je partage ses emportements... «*Cet arbitre va nous pourrir la rencontre! Il va nous gruger dans les grandes largeurs...*», hurlait-il dans son combiné. Quelques minutes plus tard, il était capable de me rappeler pour lâcher, définitif: «*Je te l'avais dit!*» Pendant les matchs de rugby du Tournoi des Six nations, la situation était franchement risible. Connaissant mon Thierry sur le bout des doigts, à chaque rencontre du XV de France, je gardais mon téléphone à portée de main, devant la télé. Et immanquablement, dès que la situation devenait délicate, *dring dring*, mon téléphone sonnait: «*Tu comprends, pour eux, l'arbitre siffle des pénalités à 20 mètres face aux poteaux et pour nous, c'est toujours à 70 mètres, sur le côté...*» Il se lâchait vraiment!

Thierry était plus en mal de commentaires que moi. Le micro lui manquait. La période qui a suivi notre dernier match commenté a été délicate pour lui. C'était une épreuve. Il aimait bien le professionnalisme de Thierry Gilardi, mais il était persuadé qu'il avait intrigué pour prendre sa place. Il avait du mal à concevoir que ceux qui l'avaient viré étaient les mêmes que ceux qui avaient appelé Gilardi... La période entre son départ de TF1 et son arrivée sur M6 n'a duré que quelques mois, mais elle lui a pesé. Il ne m'a jamais dit en face qu'il était un peu contrit que je reste sur TF1 après son départ, mais j'ai lu un ou deux articles dans lesquels il laissait entendre une petite amertume à ce sujet. Nous avons déjeuné une fois ensemble pour aplanir cette incompréhension. Je lui ai rappelé qu'il avait débuté sa carrière dans les médias bien avant moi et que je pouvais donc terminer la mienne un peu après et que toutes nos orientations professionnelles n'étaient pas vouées à un synchronisme parfait, malgré la très grande amitié qui nous liait. Nous n'étions pas devenus amis parce que nous travaillions ensemble et nous ne travaillions pas ensemble parce que nous étions amis. Nous étions simplement amis !

Son arrivée sur la Six m'avait réjoui pour lui. Il piaffait d'impatience. Il voulait goûter de nouveau à l'exercice. Récemment, Canal + où j'officie désormais m'a proposé de commenter quelques matchs. J'ai d'abord décliné avant d'accepter de reprendre ma place au bord du terrain pour Monaco-Montpellier *(1-1, le 10/01/2014)*. Mais, même si le plaisir est là, la motivation n'est plus la même qu'il y a vingt ans. Je suis sans doute lassé de l'exercice en lui-même et des déplacements que cela implique. Et puis mes activités sur RMC me comblent. C'est donc uniquement pour faire plaisir à Thierry que j'ai replongé. Nos premières retrouvailles télévisées datent du match qualificatif pour l'Euro, Roumanie-France *(0-0)*, le 6 septembre 2011, à Bucarest. On ne se doutait pas qu'elles seraient les dernières. M6 avait récupéré les droits de diffusion de ce match et c'est Thierry qui, comme il l'a fait par la suite pour l'Euro 2012, a initié notre reformation. Je ne pensais pas du tout qu'elles en appelleraient d'autres. Il n'y avait aucune préméditation de notre part. Bucarest devait être un *one shot*, une soirée unique. J'avais l'accord de RMC pour cet exercice et aucune exclusivité vis-à-vis d'autres chaines auxquelles je pouvais collaborer à cette époque. Le match se joue sur un terrain très moyen et n'offre pas un spectacle grandiose. Néanmoins, le lendemain les audiences classent M6 à la deuxième place avec 6,2 millions de téléspectateurs contre 6,8 pour TF1 qui diffusait *Les Experts : Manhattan*. Pour un tel match, ce n'est pas si mal payé. Mais ni Thierry ni moi n'étions à l'affût d'une quelconque performance d'audience. Au moment de la prise d'antenne, nous jouons la carte de la sobriété. Thierry dit qu'il est ravi de me retrouver. Je lui réponds simplement que le plaisir est partagé et nous passons à autre chose, en l'occurrence, au match que nous sommes venus commenter. Il faut respecter les téléspectateurs qui n'allument pas leur poste pour assister à des effusions entre Larqué et Roland, mais bien pour suivre un match de foot !

Ce déplacement avait les accents de rituels que je connaissais par cœur. Thierry a demandé la composition des équipes à la même heure qu'il avait l'habitude de le faire, a chaussé ses lunettes jumelles au même moment avant le coup d'envoi, puis il s'est enquis de savoir quand nous devions prendre le «rongeur» le lendemain. C'est comme ça qu'il surnommait les taxis en référence au compteur qui tourne et ronge les billets qui serviront à payer la course... En un soir donc, nous étions repartis comme si nous nous étions quittés la veille. Nous logions dans un hôtel somptueux et c'est d'ailleurs là que nous avons dîné, n'ayant pas pris le temps de chercher un bon petit restau italien...

À l'aéroport, dans l'avion, dans la rue et surtout aux abords du stade de Bucarest et dans l'enceinte, des supporteurs français viennent nous trouver, avec une extrême gentillesse pour nous dire qu'ils sont contents de nous retrouver. Ils nous confient que cela va leur rappeler de bons souvenirs de télévision, les grands matchs européens de Lyon ou Marseille, les bons matchs de l'équipe de France depuis Séville. D'une manière générale, les spectateurs qui venaient nous parler avaient au minimum la quarantaine. Peut-être le football est-il propice à la nostalgie ? C'est formidable, car du coup, le public a tendance à ne retenir que les bons moments, un peu comme le joueur de golf ne parle que de son extraordinaire drive alors qu'il oublie que le reste du parcours, il a arrosé de partout. Thierry et moi prenions toujours le temps d'un petit mot, d'un autographe ou d'une photo avec ces inconnus. Cela nous paraissait la moindre des politesses et puis, il vaut mieux ça qu'un coup de pied dans le derrière.

Même si j'y suis habitué depuis la lointaine époque où j'étais joueur professionnel, ces rencontres sont toujours un peu surprenantes. Il se crée une proximité à sens unique. Il faut dire que pendant certaines compétitions, les téléspectateurs passaient parfois trois soirées en notre compagnie. Certains nous accordaient plus de temps qu'à leurs proches. Du coup, ils considèrent que nous faisons partie de leur univers... Ils nous tutoient facilement, comme si on se fréquentait de longue date. Thierry était plus ouvert ou exubérant que moi. Avec ces gens que nous ne connaissons pas, je m'efforce d'être le plus sympathique possible et de ne pas faire le sauvage, d'où une certaine retenue. Lui était beaucoup plus à l'aise. Très vite, s'il sentait que le courant passait bien avec ses interlocuteurs, il se mettait à raconter des anecdotes. Il aimait beaucoup les gens et ce genre de contacts.

Il ne se prenait vraiment pas pour Madonna – comme certains commentateurs d'aujourd'hui. Leur starisation l'aurait gonflé... Quand il rejoignait un plateau, pas besoin de gardes du corps ni d'entrée des artistes dérobée ! Il prenait le même chemin que le public, serrait des mains et discutait s'il en avait le temps. Aux alentours des vacances de Noël 1997, à quelques mois de la Coupe du monde sur notre sol, TF1 avait décidé de mettre en avant l'événement à venir. Et ce n'est pas peu dire que lorsque la chaine tenait à faire briller ses programmes, elle savait mettre le paquet. Thierry et moi avons écumé pendant une bonne quinzaine tous les plateaux de la chaine, invités d'un nombre incalculable d'émissions maison. Notre duo était brandi à toutes les sauces. Je ne jurerais pas que nous n'ayons pas achevé cette tournée d'auto promotion, déguisés en pères Noël... Thierry aimait bien participer à ces divertissements, même si nous nous arrangions pour écourter au maximum notre temps de présence. La mise en boîte d'un simple passage dans un long *prime* de variétés peut obliger un invité à rester sur place de 14 à 21 heures ! Un jour, nous enregistrons une émission prestigieuse aux studios de Bry-sur-Marne. Thierry, plus fan des crooners à la Sinatra que des boys bands à la française qui connaissaient alors leur heure de gloire, n'a évidemment pas reconnu les 2B3, en coulisses. Ces jeunes garçons en ont été très vexés. Il faut dire qu'ils avaient une très haute idée d'eux-mêmes. Ils estimaient sans doute que la musique n'existait pas avant eux et mourrait après leur départ. Sur le plateau, le contact fut assez froid. Les 2B3 et Thierry Roland ne passeraient à l'évidence pas le réveillon ensemble ! Ce comportement a fortement agacé Thierry. Ce n'était pas une star, mais un homme simple. Il avait beau vivre dans un quartier cossu de la capitale, n'empêche, ses meilleurs amis étaient le boulanger et le marchand de journaux.

6

La passion selon Thierry

Quand il s'agissait de sport, Thierry était au-delà du passionné ; et Dieu sait que j'en côtoie des fous de foot ! Pour lui, il y avait ça et pas autre chose. Aller sur les terrains, voir des matchs, suivre le sport à la télévision, commenter des événements sportifs… rien ne comptait plus pour lui. Il n'avait pas d'autres centres d'intérêt. J'ai le souvenir de déplacements autour du monde avec Thierry au cours desquels nous descendions dans des hôtels très luxueux, comme La Mamounia à Marrakech. Thierry ne jetait pas un œil à la magnifique piscine et n'y trempait pas un orteil. Il sortait de sa chambre pour le petit déjeuner puis retournait dans sa chambre suivre Roland Garros, dont il ne perdait pas une miette. Si les pré-qualifications sur les cours annexes les plus reculés avaient été diffusées, il les aurait suivies goulûment ! C'est sa femme qui réalisait la retransmission pour le service public. Mais ce n'est pas pour cela qu'il regardait... Au mieux, me disait-il : « *C'est la Boulain qui réalise* », mais pas plus. Françoise s'était imposée comme la réalisatrice du divertissement ; avec poigne. Elle a longtemps travaillé pour les émissions de Michel Drucker. À la fin de sa carrière, Roland Garros était à peu près le seul événement, avec quelques coupes Davis, que Françoise acceptait de réaliser. Elle n'aimait que le tennis et trouvait que la passion de Thierry pour le sport en général en faisait un peu un doux dingue. Il n'avait donc pas besoin de savoir l'élue de son cœur aux commandes pour se coller devant son écran. Non seulement il regardait ces retransmissions, mais il était aussi capable de m'engueuler parce que je n'avais pas vu tel ou tel match au cours duquel un mal classé avait réussi l'exploit de voler un set à un cador du circuit. Et puis, après cette mise au point enflammée, il remontait s'enfermer dans sa chambre, pour assister à la fin de ladite partie... Rétrospectivement, je me demande même s'il ne regardait pas aussi les rediffusions la nuit. Je cite Roland Garros, mais ce genre de comportement valait évidemment aussi pour un obscur match de foot des U17 ou des rencontres de NBA. C'était inimaginable ! Thierry m'appelait parfois pour me demander si j'allais regarder San Antonio contre les Lakers ou n'importe quelle autre affiche qui le faisait saliver, lui. À cause du décalage horaire avec les États-Unis, ces matchs étaient programmés en pleine nuit chez nous. Alors, quand je lui répondais que je dormirai à cette heure-là, il s'emportait et essayait de me vendre l'affiche comme un sommet : « *Tu te rends compte, c'est le deuxième match des play off...* »

Ainsi donc, quand nous étions en déplacement, on ne sortait pas beaucoup ! Dès notre première Coupe du monde commentée ensemble, en Espagne, en 1982, j'avais découvert cette passion chronophage et presque solitaire de Thierry. Nous avons passé un mois là-bas, jusqu'à la petite finale *(Pologne-France, 3-2, 10 juillet 1982)*. Si nous avons partagé cinq repas tous les deux, hormis les petits déjeuners, c'est le bout du monde ! Thierry déjeunait ou dînait plus volontiers avec sa télévision. Et comme il scrutait aussi les calendriers sportifs très en avance, il était capable de programmer son agenda personnel en fonction des compétitions à suivre. Ma femme avait organisé une fête surprise à la maison, au Pays-basque, pour mes 60 ans. Elle comptait évidemment sur la présence de Thierry. La seule condition que Thierry a posé à sa venue, pouvoir regarder France-All Blacks, grosse affiche de la Coupe du monde organisée chez nous, même si ce match-là avait lieu au Millennium Stadium de Cardiff *(20-18, le 6/10/2007)*. Cette victoire en plus de mon anniversaire a été très dignement fêtée...

Thierry dévorait *L'Équipe* de la première à la dernière page en passant par les moindres résultats de sports pourtant peu médiatisés : voile, golf, badminton, rien ne lui échappait ! Cet exercice pouvait lui prendre beaucoup de temps. Combien de moyens courriers vers Milan, Rome ou Lisbonne avons-nous empruntés, assis côte à côte, sans qu'il ne me décroche un mot ! *« Entre la lecture des journaux et puis ta sieste, tu es un compagnon agréable ! »*, lui glissais-je gentiment à la descente de l'avion. Dans le sens du retour vers Paris, il était tellement accro à la presse qu'il était capable, sans coup férir, de me demander si nous trouverions ses quotidiens favoris à 5 ou 6 heures du matin à l'aéroport de Varsovie, par exemple. *« Tu crois qu'il va y avoir* L'Équipe *et* Le Parisien *? »*, me demandait-il très sérieusement, espérant que je pourrais intercéder en sa faveur. *« Il n'y a pas de problème. L'avion a déjà fait deux rotations et le plein de journaux à peine imprimés à Paris pour toi. »* Ma réponse ironique l'achevait. J'en ris encore… Au bout du monde, lors de compétitions au Mexique ou au Japon, Thierry était aux cent coups. Il essayait de trouver la presse anglaise (il parlait anglais couramment), plus facilement distribuée. Et avant l'avènement d'Internet et des applications mobiles, il se faisait envoyer des centaines de pages par fax. Il était comme un athlète qui ne vit que pour les Jeux olympiques. Lui ne vivait que pour les grandes heures de compétitions comme la Coupe du monde ou l'Euro. Avant le début d'un tel événement, il préparait avec minutie ses archives. À l'heure de l'iPad et des ordinateurs portables, lui ne jurait encore que par le papier. Pour la Coupe du monde 2002 au Japon et en Corée, il avait confié à l'attaché de presse de TF1 deux valises de 25 kilos chacune, bourrées d'archives jusqu'à la gueule. À l'intérieur : sa documentation. Il est revenu de là-bas avec 25 kilos supplémentaires. Il avait peur de manquer de matériel. 5 kilos auraient largement suffi… Mais, non! Pas à Thierry. S'il adorait lire les journaux, il aimait aussi écrire, notamment sa *Fabuleuse histoire*

de la Coupe du monde, avec quelques collabo-
rateurs. Quand mon précédent livre *Vert de
rage* est paru, je le lui ai évidemment dédicacé.
C'était une obligation : il n'acceptait jamais un
livre sans au moins la signature de l'auteur.
S'il recevait des bouquins en service de presse
sans cette personnalisation, il les renvoyait
à la maison d'édition. Tous les ouvrages de sa
bibliothèque étaient donc dédicacés. Il a lu
mon *Vert de rage* en deux jours. Et l'a apprécié.
Du coup, il m'a demandé de lui écrire plusieurs
préfaces de ses livres par la suite.

Tout le monde se souvient de Thierry
évoquant avec fierté sa collection intégrale et
reliée de France Football. «*Je les ai tous, depuis
le numéro 1 !*», fanfaronnait-il. Il a aussi raconté
qu'il prenait beaucoup de plaisir à compléter
ses albums de vignettes Panini, année après
année, au grand dam de sa femme. Mais ses
petits trésors ne s'arrêtaient pas là. Je me
souviens de nombreuses finales de la Coupe
d'Angleterre que nous allions couvrir pour
TF1. Il était comme un gosse. À Wembley,

nous allions toujours dans le même bureau de la BBC récupérer nos accréditions auprès d'une dame qui devait avoir son âge et qu'il embrassait. Se trouver dans cette enceinte de la télé anglaise équivalait pour lui à pénétrer dans le Panthéon du football, à gravir les marches d'un Arc de Triomphe. On nous remettait aussi un programme officiel. Sa première préoccupation était de me piquer le mien qu'il devait envoyer à un docker du Havre. Il échangeait des reliques de foot avec cet homme là, comme les gamins échangent des vignettes Panini. Il s'était pris d'amitié pour ce monsieur. Si par hasard j'oubliais de donner mon programme à Thierry, il n'omettait, lui, jamais de me le rappeler… Quand nos routes professionnelles se sont séparées, il m'appelait toujours pour me dire : « *Peux-tu me tondre deux programmes ? Un pour moi, et un pour mon docker…* » Il brandissait ces documents, émerveillé, en me disant que ça avait une autre gueule que ceux de l'équipe de France. Chez lui, à Paris, dans son bureau à-côté du salon, ses collections et tous ses souvenirs de sport, allaient du sol au plafond.

Ces finales de la Coupe d'Angleterre et tous les rituels que Thierry avait érigés autour représentaient pour lui un réel moment d'extase. Même quand il ne les commentait plus, je suis persuadé qu'il se faisait toujours accréditer. Outre le passage au bureau de la BBC, il ne fallait pas non plus rater le déjeuner dans les studios de cinéma. Un car nous embarquait avec une quarantaine de confrères du monde entier pour nous conduire jusqu'à un restaurant dans l'un de ces immenses entrepôts où se tournaient encore des films. Thierry fermait les yeux sur la cuisine locale qui prenait une autre saveur car elle le rapprochait un peu plus de l'événement qu'il attendait. Pour un peu, il aurait été capable de dire que la gastronomie anglaise lui convenait ! Et puis, nous gagnions le stade. Pour accéder à notre tribune de presse, il fallait emprunter un vieil ascenseur. Le liftier était habillé en grande tenue, avec épaulettes dorées et brandebourgs bordeaux. Pour nous laisser aller à nos sièges, dans l'ascenseur, il récupérait les accréditations de chacun, qu'il nous rendait à l'issue du match. Chaque année, le grand jeu de Thierry était d'éviter de laisser son sésame à cet homme-là. Mais on ne la lui faisait pas à notre général Wellington ! À contre-cœur, Thierry lui confiait son précieux papier. Un gosse… Mais le spectacle qui nous séparait encore du coup d'envoi valait le coup. Ces shows étaient largement du niveau d'une cérémonie d'ouverture de Coupe du monde. La tonalité était assez militaire. Il y avait des parachutistes, des dresseurs de chiens, des gymnastes. Tout cela se terminait par la grande parade des bonnets à poils qui regroupaient des régiments écossais, gallois, anglais et irlandais. Chacun défilait avec ses couleurs, sous la houlette de sergents major qui n'avaient pas d'âge, mais de grosses moustaches et de la passementerie plein le plastron ! Thierry l'anglophile, très admiratif de cette démonstration, concluait par un « Il n'y a que les Anglais pour faire ça », sans appel. Et j'avoue que c'était autre chose que le défilé de mannequins, sur la pelouse de Milan pour l'ouverture du Mondial 1990 !

D'ailleurs, Thierry n'en a pas trop profité… Il n'avait pas ses célèbres lunettes jumelles. Guy Roux les lui avait fauchées ! J'étais coincé entre deux vieux pervers !

Près de deux ans après la mort de Thierry, oui, les bons souvenirs commencent à revenir. Nous l'évoquons souvent avec quelques personnes qui l'ont connues. Dernièrement, à l'occasion d'un dîner en Espagne, un camarade rappelait que Thierry avait un soir jeté un sort à la bouteille de whisky de son hôte. Nous avons spontanément levé nos verres à sa mémoire ! Des livres, des photos, des rencontres nous le rappellent. Il m'arrive aussi de le citer sur l'antenne de RMC.

7

Il parlait comme ça

Thierry était un narrateur, avec une voix à part, immédiatement reconnaissable. Quand il appelle Luis Fernandez «mon petit bonhomme» à l'antenne durant le mythique quart de finale contre le Brésil à la Coupe du monde 1986 ou Basile Boli, «mon Basilou», à l'occasion de la finale de Coupe d'Europe de Marseille en 1993, je ne m'étonne de rien. C'est une apostrophe de supporteur, c'est une manière d'encourager tel ou tel assez sympa et naturelle. On se souvient de ça parce qu'il s'exprimait à la télé devant des millions de téléspectateurs, mais je pense que tous les supporteurs agissent de la même manière, chez eux devant la télé ou au stade. Cette familiarité qui passait par des surnoms affectueux, voire paternels, était bon enfant. D'autant que Thierry aimait ces sportifs qui le lui rendaient bien ; à part peut-être Didier Six dont il ne raffolait pas. Il vouait de l'admiration à ces footballeurs de talent et les regardait avec des yeux de gosse, même s'il les côtoyait au quotidien. Tout ce qu'il disait devait être pris au premier degré. Il riait de ses propres histoires, capable de raconter dix fois la même anecdote et de se marrer dix fois au même endroit.

À l'occasion d'un Bulgarie-France qualificatif pour la Coupe du monde 1978 *(2-2, le 9/10/1976)*, Thierry s'en est pris très vertement à l'arbitre qui venait de siffler un pénalty très limite pour nos adversaires. « Alors ça, je n'ai vraiment pas peur de le dire, M. Foote, vous êtes un salaud, lâche Thierry. Quel scandale cet arbitrage, c'est invraisemblable. Je n'ai jamais vu un individu pareil. Il devrait être en

prison, pas sur un terrain de football!» Nous
ne travaillions pas encore ensemble car j'étais
toujours sur les terrains, mais nous avons par
la suite évoqué cette réplique qui est restée
gravée dans la mémoire collective – et sur
YouTube. Ce qui est ressorti de nos échanges
était un questionnement assez simple : derrière
chaque commentateur ne se cache-t-il pas un
supporteur ? Celui qui souhaite la défaite d'une
équipe devient machiavélique, celui qui désire
la victoire d'une autre agit en égoïste. Thierry
réagissait, mû par un égoïsme compréhensible.
Il n'avait qu'une envie, que les Bleus se quali-
fient pour le Mondial en Argentine. Dès lors, il
s'emportait si la décision d'un homme pouvait
le priver de cette joie. L'exprimer comme il le
fit était sans doute excessif, mais n'oublions
pas le scénario de cette rencontre… Au terme
d'une première période équilibrée et ne souf-
frant guère d'erreurs d'appréciation du directeur de jeu, la seconde s'est ouverte sur une
succession de mauvais jugements de M. Foote.
Que lui était-il donc arrivé pendant la pause
qui avait altéré sa lucidité ? À deux minutes

du coup de sifflet final, cet arbitre a sifflé un pénalty imaginaire contre l'équipe de France, vécu par Thierry comme un coup de poignard entre les omoplates. Il s'est lâché ! Cette injustice l'avait poussé à bout. Il aimait la France, le maillot bleu et la Marseillaise de toutes ses forces ; parfois même jusqu'à atteindre un certain romantisme. Pour lui, le meilleur moment d'un match international était celui où retentissaient les hymnes et pas seulement le sien. Il vibrait à l'extrême lors du Tournoi des Six nations. Quand il entendait Flower of Scotland ou God save the Queen, il me disait : « *Ça me donne des frissons !* » Cet instant solennel faisait partie du scénario de la compétition, c'était un élément de la tragédie qui allait se dérouler sous nos yeux.

Dans un registre plus léger, lors de notre première Coupe du monde commentée ensemble en 1982, et pendant la terrible demi-finale des Bleus contre l'Allemagne à Séville, Thierry a dit à propos de Horst Hrubesch qui était un grand gaillard, souvent rougeaud en fin de partie et au visage vérolé : « *C'est pas Alain Delon.* » Une remarque d'autant plus drôle que Thierry n'était pas un fou d'esthétisme et que ce type de propos n'a rien à faire au milieu d'un match de foot. Thierry s'était-il soudainement souvenu qu'il avait commenté des matchs de boxe organisés par Alain Delon, dont il était proche ? C'est précisément parce qu'elle est à-côté de la plaque que la remarque fait sourire. Ces phrases dignes d'un film d'Audiard étaient incongrues. J'avais beau connaître par cœur mon ami, je ne m'attendais jamais à ses sorties.

Mais à l'occasion du quart de finale de la Coupe du monde, à Mexico *(22/06/1986, Argentine-Angleterre, 2-1)*, quand il pète les plombs pendant trente secondes et me dit à l'antenne : « *Mais dites-moi, mon petit Jean-Michel, vous ne croyez pas qu'il y a mieux qu'un arbitre tunisien pour arbitrer Angleterre-Argentine ? Je ne dis pas que Monsieur Bennaceur est nul parce que tunisien… Je ne dis pas que Monsieur Bennaceur est tunisien donc nul… Je dis que Monsieur Bennaceur est nul!*», les bras m'en tombent. Contrairement à l'invective contre M. Foote, je n'étais pas à la maison devant mon poste de télé, mais à l'antenne, derrière mon micro, à côté de Thierry qui s'adressait directement à moi. Ça change tout! Personne au sein du trio arbitral n'avait vu la main de Maradona, la célèbre «main de Dieu» qui lui a permis de marquer. En arrivant au centre de presse, nous avons reçu un coup de fil du président de TF1 d'alors, Hervé Bourges qui nous dit: «*Vous avez mis le Maghreb à feu et à sang*». Thierry s'était pris une soufflante, mais, fidèle à son habitude, il a eu tendance à minimiser la portée de l'incident. Pour en revenir au fond, peut-être un autre arbitre aurait-il commis la même faute. La commission d'arbitrage de la FIFA a envoyé M. Bennaceur au casse-pipe. Je ne pense pas que beaucoup d'arbitres se bousculaient pour superviser cette rencontre opposant deux équipes brûlantes dans un stade en fusion. Thierry n'a pas tenu de propos raciste, mais l'amalgame était et demeure déplacé. Il en voulait aux instances internationales du football de ne pas avoir désigné quelqu'un de plus chevronné, expérimenté. Point.

Et pourquoi se souvient-on encore de cette perle de Thierry prononcée à l'encontre de l'arbitre roumain, monsieur Ioan Igna qui n'avait pas le sifflet très tricolore lors du quart de finale France-Brésil au Mondial de 1986 *(1-1, le 21/06/1986)* : « *Je n'ai jamais vu un fumier pareil*» ? Parce que Thierry était une référence en matière de commentaires ! Le match n'a pas été retransmis en direct sur TF1, mais sur Antenne 2, avec Michel Drucker et Roger Piantoni aux commentaires et c'est pourtant la petite musique de Thierry qui reste dans les oreilles des amateurs de foot (et des vidéos en ligne). Chaque propos de Thierry était étudié et disséqué pour mieux être critiqué. Je sais que Thierry parlait de moi comme de son petit frère. Il l'a même écrit dans un livre d'entretiens. Mais au-delà de nos dix années d'écart, je le considérais moi aussi comme mon petit frère, parfois. Combien de fois lui ai-je conseillé de ne pas faire ou dire telle ou telle chose ! Il avait l'anecdote et la confidence faciles, mais tous ses interlocuteurs n'étaient hélas pas toujours bienveillants et ressortaient à loisir certains de ses propos, totalement hors contexte. À chaque fois, tel un jeune ado, conscient de ce qu'il dit, mais un brin naïf, il répondait : « C'est pas très grave ! » Thierry ne supportait pas les contraintes. Il devait en priorité faire ce dont il avait envie avant de se plier à des exercices imposés, des obligations. Thierry était libre.

En 2002, nous nous étions baladés dans Séoul et avions trouvé que la population avait un côté grégaire, aimait à se retrouver en masse au pied d'écrans géants sur de vastes places. Il y avait une dimension très uniformisée dans ces scènes que nous apercevions au cours de nos trajets. Dans les stades, alors que l'équipe nationale ne jouait pas, les organisateurs répartissaient d'un côté du stade un millier de Coréens pour soutenir une équipe, et de l'autre un second millier en faveur des adversaires. Tout cela était très militaire, très formaté. Les gens paraissaient accepter la contrainte. Ce que nous approchions de la civilisation coréenne se situait aux antipodes de ce que nous connaissons en France, pays du libre-arbitre. Nous n'étions pas hermétiques aux différences sociales et culturelles que nous notions à l'étranger en général ni aux impressions d'un pays que nous recevions. La France jouait son dernier match de préparation en Asie, avant l'ouverture de la Coupe du monde, contre la Corée du Sud, à Suwon *(3-2, le 26/05/2002)*. Après un nouveau changement de joueur, Thierry déclare : « *Il n'y a rien qui ressemble plus à un Coréen qu'un autre Coréen.* » Une phrase que je tempère immédiatement d'un « *surtout habillé en footballeur*». Je comprends que l'on puisse être gêné par ce type de propos, que je reconnais choquant. Le public de Thierry lui ressemblait à 98 %, savait faire la part des choses et passer outre certaines de ses sorties de route. Si Thierry n'avait pas été en adéquation avec les téléspectateurs qui suivaient nos commentaires, il ne serait pas resté aussi longtemps sur l'antenne de TF1 ! Et si TF1 avait été une chaine trash comme le claironnent quelques intellectuels de gauche, que penser des 35 % de Français qui lui faisaient confiance ?

Thierry était un vrai Titi parisien, des beaux quartiers (il a grandi rue de Washington, perpendiculaire aux Champs-Élysées), certes, mais un Titi tout de même. Il avait la gouaille des enfants de Paris. Si son langage à l'antenne était parfois fleuri et imagé, c'était à cause de ses racines. De mon côté, à travers nos commentaires, je n'ai pas eu le sentiment d'inventer une *novlangue*. Les joueurs de foot ont leurs expressions, leur vocabulaire, leur grammaire, presque. Comme les bouchers parlaient le louchebem, nous parlions foot. Certaines locutions sont typiques de nos entrainements au cours desquels on ne se gênait pas pour se chambrer. Un joueur prenait un petit pont, on disait : «*il n'a qu'à mettre une soutane*». Un type se faisait dribbler, on commentait : «*la prochaine fois, il l'attrapera à l'épuisette*». Ou encore, quand on voyait un coéquipier en baver physiquement et souffler à grand bruit, on lâchait : «*il a avalé la trompette*». Ces expressions, sorties au bon moment, en appui léger de notre commentaire, ont fait mouche auprès des téléspectateurs. D'autant que nous n'allions pas commenter un match avec l'idée de nous compliquer l'existence. Nous y allions décontractés, comme deux copains le feraient devant leur télé, même s'ils se vouvoient. Quand le public s'est «emparé» de notre langage, ça ne nous a pas retournés. On a simplement vu dans ce petit phénomène la puissance de la télé, d'une part, et le côté passe-partout de nos expressions qui pouvaient être détournées et trouver du sens dans la vie de chacun. Je me doute que si deux types en viennent aux mains dans la rue, un spectateur de la scène peut sortir sans mal : «*Ils ne passeront pas leurs vacances ensemble…*» De même qu'un automobiliste se faisant emboutir par un autre peut lui dire «*il n'a pas fait le voyage pour rien*»! Le dictionnaire que nous utilisions avec

Thierry n'avait rien d'abstrait. Normal, nous sommes des gens comme les autres. J'ai eu la chance – et c'est un euphémisme – de jouer au bon moment dans le bon club. J'aurais pu être le même footballeur, mais évoluer dans une moins bonne équipe, je n'aurais pas récolté autant de titres. Quant à ma reconversion à la télévision, c'est aussi une opportunité incroyable. Je serais le même homme si j'avais par exemple monté un magasin de sport, mais la notoriété se serait vite étiolée. Thierry partageait exactement cette humilité face au destin ou tout du moins, à une carrière. « *Quand j'ai commencé comme garçon d'étage au Poste parisien,* me confiait-il, *je n'aurais jamais imaginé en arriver là un jour. Je fais ce que j'aime, je suis un peu connu et en plus, je gagne bien ma vie.* » Nous n'étions pas des usurpateurs, mais avons bénéficié de circonstances favorables.

Canal + a des rapports privilégiés avec le foot. Si Les Guignols nous ont choisis comme cibles de leurs caricatures, c'est avant tout parce que nous étions les commentateurs du

IL PARLAIT COMME ÇA

sport le plus populaire – et roi sur la chaîne cryptée – sur la plus grande chaine d'Europe. Canal + n'a pas décidé de mettre en avant Jean-Pierre Papin ni Guy Roux au hasard, non plus. Nous ne tirions aucune gloriole de cette « guignolisation ». Pas de quoi gonfler nos pectoraux à cause de ça.

En 1995, certains analystes ont attribué la victoire à l'élection présidentielle de Jacques Chirac à sa marionnette des Guignols qui le montrait sans cesse manger des pommes… Il me semble que c'est un drôle de raccourci, auquel je ne crois d'ailleurs pas ! Nous ne nous sommes jamais servis de notre popularité pour obtenir un passe droit ou une quelconque faveur. Notre plus grande récompense était simplement de permettre aux gens de passer un bon moment. Ça suffisait à notre bonheur. Thierry ne s'est jamais pris pour ce qu'il n'était pas. Il n'a jamais fait un caprice pour exiger qu'une limousine le conduise au stade et n'a jamais réclamé qu'une maquilleuse le suive partout. Ce n'était pas une star, mais un homme comme tout le monde.

Je ne souhaite pas entretenir une quelconque nostalgie, pas plus que je ne veux
ériger notre tandem au-delà de ce qu'il a
représenté. Je pense même que si TF1 a viré
Thierry, puis moi-même, c'est que la chaîne
avait des arguments pour le faire. Pourquoi
pas des études d'opinion? Soit. Mais il ne
me semble pas que les téléspectateurs expri-
maient de lassitude envers Thierry ou moi...
Aujourd'hui en revanche, beaucoup de gens
ne semblent pas s'y retrouver dans les commentaires du foot sur TF1. Je ne parle pas du
consultant, car Lizarazu fait le boulot. Mais
son association avec Christian Jeanpierre ne
fonctionne pas. Moi non plus je n'ai jamais
trouvé le bon tempo avec lui. On me dit même
que les réactions sur les réseaux sociaux – que
je ne fréquente pas – sont assez virulentes à
son encontre, les soirs de matchs. Certains
fidèles de RMC expliquent couper le son de
leur télé et suivre les commentaires des journalistes de la station. Je l'entends, même
si je prends avec la prudence nécessaire

IL PARLAIT COMME ÇA

ces remarques. Peut-être ces messagers ne
veulent-ils tout simplement pas me faire de
peine…

– 8 –

Mille fêtes…

En 1985, Thierry et moi avons quitté le service public pour rejoindre TF1, qui n'était d'ailleurs pas encore privatisée… La Une disposait en effet de droits significatifs, semblait miser fortement sur la présence du foot dans sa grille de programmes pour attirer les téléspectateurs et affichait un visage décidé. Toutes les grandes compétitions seraient désormais visibles sur cette chaîne, qui proposait en plus un magazine mythique depuis 1977 : *Téléfoot*; sans oublier *MultiFoot*. Pour la première édition de ce nouveau rendez-vous [diffusée le soir de la 10e journée de championnat de

1re division, le 28/09/1984], Thierry était
en plateau et recevait Julien Clerc. C'était
vraiment un multiplex télévisé. Le premier de
l'histoire de la télé, d'ailleurs. La compétition
pour les droits de diffusion du football à la
télé faisait rage. Canal + n'a diffusé son premier
match, Nantes-Monaco, que le 9 novembre
suivant. Pour le lancement de *MultiFoot*,
donc, j'étais seul au micro à Bordeaux et je
commentais une rencontre entre les Girondins
et le FC Tours, quand Thierry me donna
l'antenne. J'ai revu une vidéo récemment
et je me suis aperçu qu'avant d'écrire correctement mon nom, la régie avait envoyé un
banc-titre indiquant : « *Commentaires, Jean-
Marie Larquet* ». Nous essuyions les plâtres…
Lors de nos premiers déplacements internationaux, Thierry et moi partions seuls. Nous
étions les uniques représentants de la chaine
sur place, un tandem d'envoyés spéciaux. Ce
qui peut paraître banal, ne l'était en réalité
pas tellement. Imaginez un instant s'il nous
arrivait quelque chose avant la prise d'antenne
ou si un pépin technique nous empêchait de

travailler correctement. C'est précisément ce genre de petite galère qui s'est présentée à nous à la Coupe du monde de 1986, au Mexique. Quelques minutes avant le coup d'envoi de France-Canada *(1-0, le 01/06/1986)*, comme à notre habitude, nous sommes assis à nos postes de commentateurs et tentons de prendre contact avec la rue Cognacq-Jay, à Paris. Malgré nos efforts, nos micros ne fonctionnent pas. La seule solution qui s'offre à nous, commenter au téléphone. Une bonne dizaine d'années nous séparait encore de l'avènement du portable. C'est donc avec un gros téléphone filaire posé entre nous que nous avons fait vivre le match aux téléspectateurs français. J'ai bien dit « un » téléphone, car nous nous sommes partagé le combiné... Je me souviens encore de la réflexion de Thierry à l'antenne : « *Et vous, Jean-Mimi, qui aviez rêvé de travailler aux PTT, je vous passe le combiné...* » Quelle rigolade ! L'incident a failli se reproduire deux ans plus tard, à Belgrade à l'occasion d'un match qualificatif pour la Coupe du monde de 1990 *(Yougoslavie-France,*

3-2, le 19/11/1988). À moins d'une minute du coup d'envoi, un technicien bâti comme une armoire à glace a déboulé dans notre tribune, une pince à la main. Sans un mot, il s'est affairé dans l'armoire électrique derrière nous. Il a fait son petit business dans ce labyrinthe de fils en deux temps, trois mouvements et a réussi à nouer le contact avec Paris. Depuis, TF1 ne nous a plus laissés partir seuls. À notre plus grand soulagement, un responsable de production prenait part à nos voyages.

Chaque déplacement représentait par exemple une aventure. Nous avons commenté environ un millier de matchs à deux voix, je peux affirmer que cela a représenté mille fêtes dans ma vie. Nous rendre en Albanie *(Albanie-France, 0-1, qualification championnat d'Europe, 17/11/1990)*, avant la chute du communisme, alors que le pays était très refermé sur lui-même et à la traîne économiquement et socialement, représentait pour nous une aventure. Nous avons dû organiser notre voyage dans les

moindres détails, y compris l'intendance.
Sachant qu'il n'était pas question de trouver
sur place un bon restau italien, nous sommes
arrivés à Tirana, avec un pique-nique amélioré.
Thierry était allé acheter une belle miche de
pain ronde chez son boulanger favori, nous
avions apporté des boîtes de sardines, des
tablettes de chocolat, du pâté, du saucisson,
du fromage et évidemment, un bon coup de
rouge. Nous avons partagé ces dînettes dans
la chambre de Thierry qui disposait d'un petit
réfrigérateur où nous avions entreposé nos
victuailles. Nous avions voulu offrir quelque
nourriture à la femme de ménage pour
améliorer son ordinaire, mais de peur qu'on
l'accuse de vol, cette dame a refusé. On a dû
dire à l'hôtel que c'était un cadeau. Ce déplacement reste un souvenir très fort, dont nous
avons souvent reparlé ensemble. D'autres
temps forts ont rythmé l'histoire du foot et
notre agenda professionnel.

France : Euro 1984

Quand arrive l'Euro 1984 qui se tient en France, nous nous souvenons que la Coupe du monde, deux ans plus tôt en Espagne, avait été très moyenne. Les stades étaient plutôt vides, bien que l'on ait vanté les qualités d'organisateurs des ibériques. J'avais été déçu par le manque de ferveur, plus que par le niveau des matchs. À l'heure du coup d'envoi du championnat d'Europe chez nous, l'engouement est bel et bien là, au contraire ! Nos craintes d'une compétition tiédasse se dissipent vite et laissent place à un sentiment de fierté. Les stades sont pleins et le pays est au rendez-vous ! Quant à notre équipe, si elle n'était pas favorite, elle était en tout cas observée de près, car la France était le pays organisateur et que dans leurs rangs, les Bleus comptaient un dénommé Michel Platini. Sportivement, les choses s'enchaînent vite assez bien. Presque trop. Du coup, avec Thierry, nous craignons le syndrôme Brésil 1982 qui avait débuté sur les chapeaux de roue avant d'exploser comme une bombe face à l'Italie. Notre équipe repose sur un Platini hors-normes, un leader de poids, qui marque but sur but. Un vrai festival ! On se dit encore que, statistiquement, il va arrêter de «planter» et que lorsque cela arrivera, la fête sera finie. Et si l'on rajoute à tout ça que la France n'a jamais gagné un trophée, alors qu'elle a créé la Coupe du monde et la Coupe des clubs champions, il y a de quoi laisser notre enthousiasme naissant au vestiaire. Nous avançons prudents et circonspects, attendant le retour de bâton. Et puis le petit malheur du commentateur sportif tient à son emploi du temps : préparation des retransmissions, déplacements, débriefs, etc. Il doit enchaîner les matchs, pris au cœur de l'événement et il n'a guère le temps ni de trop savourer une victoire, ni de trop ruminer une défaite. Il ne peut pas se focaliser sur les résultats, sauf le soir de la finale. Néanmoins, la demi-finale contre le Portugal *(France-Portugal, 3-2, 23/06/1984)* nous remplit d'espoir. Ce soir-là à Marseille, les Bleus ont, en plus de leur talent, bénéficié d'une certaine réussite, à l'image de la RFA quand elle avait raflé la Coupe du monde 1974 au nez et à la barbe de la Pologne, de la RDA ou des Pays-Bas de Neeskens et Cruijff à qui elle semblait promise ou de l'Argentine, quatre ans plus tard, qui n'était pas favorite du Mondial organisé là. En 1984, les Lusitaniens ont une grosse équipe, mais les Bleus s'imposent après avoir été menés au score ! La finale contre l'Espagne *(2-0, le 27/06/1984)* est une première dans l'histoire du foot tricolore. Le Parc des Princes est plein à ras bord et l'ambiance électrique. Depuis son banc de touche, le sélectionneur Michel Hidalgo paraît crispé. L'enjeu est de taille. Après une première mi-temps débridée, Michel Platini signe un nouveau coup de patte qui restera dans les annales. Son coup franc, à l'entrée de la surface de réparation espagnole semble bloqué par le gardien Luis Arconada, mais le ballon roule sous son torse et franchit la ligne de but. Hélas pour ce goal, ce type d'arrêt manqué est depuis inscrit dans les tablettes du foot sous le nom « faire une Arconada ». Le second but de Bruno Bellone dans les arrêts de jeu scelle la victoire française. Les héros du soir sont longuement fêtés par le stade, mais aussi dans Paris. Les Champs-Élysées prennent les allures d'un soir de 14 juillet (ou de 12 juillet 1998). Cet Euro sur notre sol fut une réussite sur toute la ligne.

Mexique : Coupe du monde 1986

Deux ans plus tard, nous commentons notre deuxième Coupe du monde ensemble, au Mexique. Ce rendez-vous fait partie des grands moments de sport partagés avec Thierry. La finale opposant l'Argentine à l'Allemagne *(3-2, le 29/06/1986)* nous a offert des buts et s'est déroulée dans le mythique temple du football, le stade Aztèque de Mexico. L'équipe de France fait à nouveau un bon parcours, se hissant pour la seconde fois consécutive en demi-finale, qu'elle perd encore contre la RFA *(0-2, le 25/06/1986)*, après avoir éliminé l'Italie et le Brésil ! Cette demi-finale fut une purge, les Bleus étaient cuits physiquement, il

101

ne faisait pas beau… C'est un triste souvenir même si la France a fini troisième du Mondial et a produit un jeu de très haut niveau, malgré un Platoche touché aux adducteurs et qui joue sur une jambe… Dans un autre registre, Joël Quiniou, notre arbitre, incorpore sa petite touche au folklore en dégainant un carton rouge à José Batista au bout de 50 secondes, record du monde battu *(match de poule du groupe E, Écosse-Urugay, 0-0, le 13/06/1986)*. Nous avons beaucoup travaillé et dans des conditions parfois compliquées à cause du décalage horaire. Nous devions alimenter un *Téléfoot* quotidien diffusé vers midi en France. J'ai apprécié ces matchs commentés avec Thierry à Puebla, Leon, Guadalajara ou Toluca. J'ai découvert la pollution à Mexico et vécu des orages d'une violence inouïe. J'en ai aussi profité pour glisser quelques escapades touristiques dans mon agenda, car Thierry, arcbouté sur sa façon de vivre préférait… regarder la télé! Qu'y avait-il de si captivant? Sans doute des qualifications pour Wimbledon ou même le début du tournoi, à moins que ce ne fut le Queen's ! Le tourisme décidément, ce n'était pas son truc. Je suis donc allé découvrir en solo le magnifique site archéologique de Teotihuacan et ses impressionnantes pyramides, j'ai visité la basilique Notre-Dame de Guadalupe de Mexico, j'ai déambulé dans les rues de cette ville qui portaient encore les stigmates du terrible tremblement de terre de l'année précédente : des gens vivaient toujours dans la rue, abrités sous des tentes de fortune alors que leur immeuble éventré laissait voir des salles de bains explosées et les vestiges de vies brisées. Ce mois de juin 1986 plaçait pour de bon le Mexique au rang des grands pays organisateurs, car en 1970 déjà, il accueillait le Mondial pour une compétition qui est restée dans les mémoires et demeure sans doute ce qui s'est fait de mieux au plan du football. De grands joueurs ont brillé là-bas, comme Jairzinho et Rivelino ou Gerd Müller. La demi-finale, Italie-Allemagne *(4-3, le 17/06/1970)* s'était jouée devant plus de cent mille personnes et avait atteint des sommets. Franz Beckenbauer, la clavicule cassée, a terminé le match avec le bras en écharpe. Et que dire des matchs du Brésil, qui ajoutait à cette occasion une nouvelle ligne à son palmarès et une troisième Coupe du monde pour Pelé ? Ils furent des modèles de subtilité, d'efficacité, de créativité, de technicité, d'inventivité et j'oserais même, de beauté.

Italie : Coupe du monde 1990

La Coupe du monde suivante, en Italie, fut pour nous une grosse déception. Les Italiens, mis à part Toto Squillaci, passent à côté de leur compétition. Heureusement que le Cameroun apporte un grand rayon de soleil à l'événement, notamment en la personne du Maréchal, Roger Milla, 38 ans qui envoie son équipe en quart de finale. Je jubilais à écouter les interviews du vieux lion indomptable réalisés par Thierry. Ils s'en donnaient tous les deux à cœur joie. Thierry riait tellement que Roger ne comprenait pas ses questions.

Et quand il tentait une explication, Thierry repartait de plus belle de son rire si caractéristique. Un régal! Évidemment, il fut impossible pour nous de passer à côté de la gastronomie locale... Nous avions pris pension chez Alfredo, à Rome. Une institution qui dure depuis des générations. Sur les murs de cet endroit sans prétention, trônent les photos de JFK, Marilyn, le Dalaï Lama, Jean XXIII... On avait l'impression que le monde entier venait là. Dîner chez Alfredo était notre récréation. La tradition de la maison : les fameuses tagliatelles Alfredo, dont la recette est jalousement gardée. Il est de coutume de prendre une assiette pour deux. Le premier convive est alors servi dans son assiette tandis que l'autre mange à-même le plat. Le premier soir, après l'entrée, nous partageons donc un plat de tagliatelles. Thierry termine son dîner par une glace à la fraise, son péché mignon (il en mangeait partout). Le second soir où nous dinons chez Alfredo, pas d'entrée, mais des tagliatelles, suivies de... tagliatelles et d'une glace à la fraise pour Thierry. Le dernier soir chez Alfredo, après nos deux tagliatelles, Thierry a sacrifié sa glace pour une troisième tagliatelle ! Ce crescendo dans nos menus nous a fait rire comme des écoliers fiers de leur mauvaise blague. On a passé des moments exceptionnels. L'Italie faillit encore être la terre de notre union sentimentale aux yeux de quelques napolitains. À l'occasion d'un Italie-France amical *(0-1, le 16/02/1994)* au stade San Paolo, premier match du sélectionneur Aimé Jacquet, TF1 nous avait logés dans un sublime hôtel, le San Pietro di Positano, accroché à la falaise surplombant la Méditerranée. Un ascenseur permettait de rejoindre une petite plage privée. Dans la salle à manger, assez étroite, il y avait majoritairement des tables pour deux personnes, recouvertes de nappes roses. Kitsch et romantique. Les convives étaient des jeunes femmes, accompagnées de messieurs plus âgés. Installés, face à face, nous nous apprêtions à déjeuner quand Thierry me lança : « *Dis-moi, mon petit Jean-Mimi, évitons de nous tenir la main, parce que je crois que nos hôtes*

n'ont pas saisi que nous n'étions pas un couple !»
Vous imaginez les éclats de rire qui s'en suivirent.
Ce jour-là, comme tant d'autres, à l'issue
du déjeuner, selon son bon plaisir, Thierry a
savouré son cigare, tirant dessus jusqu'à son
extrémité. D'ailleurs, en matière de fumée,
quand nous devions rejoindre un stade, et
que généralement je nous conduisais, il conti-
nuait à fumer dans sa Mercedes, toutes vitres
fermées. Voilà pourquoi, nous utilisions sa
voiture pour nos trajets en France...

Marseille et l'Europe 1993

En 1993, Marseille est reparti pour une
épopée européenne. Deux ans auparavant,
l'OM de Raymond Goethals s'était cassée les
dents aux tirs aux buts sur l'Étoile rouge de
Belgrade à Bari *(0-0, 5 tàb à 3, le 29/05/1991)*. La
déception avait été grande. Avec Thierry, nous
suivons tout le parcours pour TF1. L'équipe
qui ne compte que trois étrangers – Bokšić,
Völler et Abedi Pelé – compose une bonne

partie de l'ossature de l'équipe de France de cette année-là, avec Angloma, Desailly, Deschamps, Sauzée et Boli. Le club survole le championnat de France – le titre lui sera retiré suite à l'affaire OM-VA –, jouit d'une très grande popularité et bénéficie d'une large exposition médiatique, notamment grâce à son président, Bernard Tapie. Marseille est alors plus que la locomotive du football français, c'en est carrément le train entier! Thierry et moi n'avons pas d'avis tranché sur Tapie. Toutefois, nous émettons une réserve sur un petit point. Début 1990, après la chute de Ceaucescu, *Paris-Match* a consacré trois couvertures de suite à la situation roumaine. La première, titrée «Roumanie : libres!» et datée du 4 janvier, montrait un jeune garçon, la moue boudeuse mais le regard décidé, posant fièrement avec le drapeau de son pays. Les journalistes de l'hebdomadaire l'avaient surnommé Le Gavroche de Bucarest. Quelque temps plus tard, Tapie organise un match caritatif et fait venir le gamin au Vélodrome pour en donner le coup d'envoi. Nous avons trouvé ce geste excessif. Pour nous, on frôlait l'exploitation d'un drame humain... Nous l'avons dit à l'antenne. Le PDG, Patrick Le Lay, n'a pas tardé à nous convoquer, dans son bureau, au quatorzième étage de la tour TF1, à Boulogne. Il n'avait rien d'un comique troupier et peu de gens avaient envie de lui caresser le ventre ou de lui taper dans le dos. Il nous dit tout de go: «*À TF1, on ne touche pas aux stars de l'antenne. Et Bernard Tapie et l'Olympique de Marseille en font partie au même titre que PPDA ou Jean-Pierre Foucault.*» C'est l'unique fois où le président s'est immiscé dans notre travail. Nos rapports avec Tapie n'ont guère souffert de cet épisode. Le soir de la finale contre le Milan AC *(1-0, le 26/05/1993, à Munich)*, l'OM ne fait pas figure de favorite contrairement à sa précédente finale de Ligue des champions, mais le pays est derrière le club phocéen. Et nous aussi. Il faut dire que nous avions vécu un moment incroyable au plus près de Tapie et ses hommes... Dix jours plus tôt, en effet, nous commentions la finale de la Coupe d'Angleterre *(samedi 15/05/1993,*

Arsenal 1-1 Sheffield Wednesday) à Wembley.
À la sortie du match, une voiture de maître
nous conduit à l'aéroport d'Heathrow. Là, un
Falcon nous attend pour un vol privé à destination de Marseille. Sur le tarmac du pôle
Aviation générale de Marignane, deux grosses
limousines aux vitres teintées nous attendent
avec chauffeurs et «accompagnateurs», en
costumes et lunettes noires à 10 heures du
soir! L'OM vient de gagner son match de
championnat contre Lille. Une ambiance
douce berce la ville que nous traversons pour
rejoindre la calanque de Sormiou où mouille
le Phocéa. Contrairement à toutes les règles
de navigation, le yacht de Tapie est amarré à la
proue et à la poupe : il y a à son bord un relais
émetteur TV qui ne devait pas bouger. Nous
réaliserons Téléfoot le lendemain en direct de
ce lieu d'exception, afin d'évoquer la future
finale. Nous montons à bord et la verrière
qui abrite la salle à manger se soulève pour
nous accueillir. Nous nous serions crus dans
un *James Bond*. Nous sommes traités comme
des princes et le dîner, servi par un personnel

en tenue d'apparat, a des allures de souper de gala. Tapie fait la conversation. Nous dormions sur le bateau et nos cabines nous attendaient. C'était le luxe absolu. Le lendemain, avant la prise d'antenne de *Téléfoot*, cette vie de palace se poursuit : réveil en douceur, oranges pressées et bons croissants sous la verrière... Puis, nous nous sommes concentrés sur ce numéro exceptionnel de notre magazine dominical. On a découvert bien après-coup, à l'occasion d'un procès fleuve, à rebondissements, que ce jour-là se seraient tenus des propos et prises des décisions influençant le match de championnat suivant, le fameux VA-OM du 20 mai.

Nous avons suivi au plus près la préparation des Marseillais jusqu'au soir de la finale en Allemagne. Malgré toute la puissance qui émane des Français, je ne suis pas tranquille. L'Olympiastadion, le stade munichois, ne me rappelle pas que des bons souvenirs : avec Saint-Étienne, nous y avions perdu contre le Bayern en demi-finale de la Coupe d'Europe des clubs champions *(0-2, le 16/04/1975)*

111

après un match nul à Geoffroy-Guichard *(0-0, le 9/04/1975)*. Le terrain ne me paraît pas propice aux équipes françaises. Le match débute, parfaitement maîtrisé par l'OM, qui, malgré l'occasion de Massaro sauvée par Barthez, parvient à marquer, juste avant la mi-temps, sur un coup de tête de Boli, dont personne n'avait oublié les larmes de tristesse deux ans plus tôt. Finalement, Marseille domine Milan. Quatre ou cinq minutes avant le coup de sifflet final, je quitte Thierry pour me poster sur la pelouse afin de recueillir les premières réactions des héros du soir. Lui ponctue l'exploit de quelques phrases de son cru : « *La malédiction est passée. Quelle soirée, mes amis ! Formidable Olympique de Marseille ! C'est magnifique !* » Nous avons savouré cet instant, réalisant que depuis le début de notre association nous avons décidément beaucoup de chance d'assister à de tels exploits.

En dix ans, de 1982 à 1993, nous avons vécu deux demi-finales de Coupe du monde des Bleus, une victoire à l'Euro, une finale et

112

une victoire en Ligue des champions, alors que le foot français n'avait jamais rien gagné en quasiment un siècle... On a vraiment eu de la chance! Mais Thierry, conditionné par ses réflexes de joueur, de parieur, voyait un signe dans cette loi des séries. Il avait le sentiment que la martingale devait s'interrompre après cette période dorée. Hasard troublant, quelques mois plus tard, le dénommé Kostadinov nous barre le chemin du Mondial aux États-Unis. La France devait prendre un point contre ses deux derniers adversaires qui n'étaient à priori pas des cadors. Après s'être inclinée à domicile, au Parc des Princes contre Israël *(2-3, le 13/10/1993)*, elle perd encore à la maison contre la Bulgarie *(1-2, le 17/11/1993)*! Ce dernier match semble pourtant nous offrir le point nécessaire car à 10 secondes du coup de sifflet final, le score est encore de 1-1. Et puis... David Ginola perd la balle dans le camp adverse suite à un coup franc joué en deux temps. On se souvient de la suite, la remontée de balle et Kostadinov qui fusille Bernard Lama. « *Oh là là là! À dix secondes de la fin...*

Quelle catastrophe. C'est la mise à mort.» Thierry est très remonté contre notre attaquant, mais c'est le coach Gérard Houllier qui est le plus dur vis-à-vis de son joueur. Nous vivons cette non-qualification comme un drame absolu. Les joueurs sont sportivement coupables du résultat. Pourtant, les membres de cette équipe bénéficiaient de la bonne image de l'équipe de France. Ils jouaient sur du velours. Je date l'arrogance d'une partie de nos footballeurs contemporains de cette époque-là. Certains avaient déjà réservé des tables dans une boîte de nuit des Champs-Élysées, malgré l'avertissement reçu après la défaite contre Israël. L'optimisme béat n'était hélas pas le seul apanage des joueurs : un magazine n'a pas eu le temps de se retirer du circuit de distribution pour sortir le 18 novembre, avec ce titre en couverture : «À nous l'Amérique... » On commençait vraiment à marcher sur la tête. L'heure des règlements de comptes avait sonné. Si le sélectionneur affirme rapidement ne pas envisager son départ, il finit tout de même par démissionner mais demeure

Directeur technique national. Le président de la FFF ne brillait pas par son courage. L'échec de la qualification au Mondial fut la goutte d'eau qui fit déborder le vase à la suite de la mauvaise gestion du drame de Furiani et l'affaire OM-VA. Après avoir fait «le bruit du pas qui recule», Fournet-Fayard démissionne à son tour de ses fonctions à la Fédération, quinze jours plus tard.

États-Unis : Coupe du monde 1994

Quand nous partons aux États-Unis en 1994, couvrir la Coupe du monde, Thierry est amer, déçu et touché de savoir que nous ne commenterions pas de match des Bleus. L'équipe de France n'était déjà pas présente à la Coupe du monde en Italie en 1990, ça fait beaucoup ! Mais, anglophone et américanophile, Thierry a fait contre mauvaise fortune bon cœur. S'il avait pu passer non pas un, mais deux mois en Amérique, ça ne l'aurait pas gêné. Il allait régulièrement en vacances dans le Grand Ouest et finissait ses périples à Las Vegas pour taquiner les bandits manchots au casino et se «faire tondre de quelques dollars», comme il disait. Au Citrus Bowl d'Orlando, nous commentons Belgique-Pays-Bas *(1-0, le 25/06/1994)*. Il fait chaud l'été en Floride et le coup d'envoi était donné à midi. Les joueurs étaient liquides et nous ne valions pas mieux. La bière coulait à flots dans le stade... Au Cotton Bowl de Dallas, le quart de finale entre le Brésil et les Pays-Bas *(3-2, le 9/07/1994)* fut de très belle tenue. Romario et Bebeto ont régalé le public. Nous avons principalement suivi les matchs qui avaient lieu sur la côte-Est. À New York, Thierry a accepté de se laisser aller à un peu de tourisme. Nous y avons passé une dizaine de jours. Il avait trouvé un petit restaurant italien à sa convenance. Après un bon dîner, j'ai réalisé qu'il était heureux d'être là. À la lumière de néons qui éclairaient la ville, Thierry chantonnait du Luis Mariano et du Tino Rossi dans les rues de Manhattan. Il me faisait rire. Je garde un très bon souvenir de ce Mondial nord-américain, même si le parcours de nos «bourreaux» bulgares, emmenés par Stoïchkov, qui ne perdent qu'en demi-finale contre l'Italie *(1-2, le 13/07/1994)* a remué le couteau dans la plaie.

France : Coupe du monde 1998

Sans doute le public retient-il les dernières images de la finale, le troisième but d'Emmanuel Petit, le coup de sifflet final et la tirade de Thierry qui lâche son fameux «*Oh, Putain ! Quel pied...*». Mais l'événement dans son intégralité fut une réussite. Les cocoricos qui ont entouré la compétition étaient justifiés. Et les mauvais esprits qui prédisaient que nous, Français, ne serions pas à la hauteur d'un tel enjeu en ont été pour leurs frais. Je pense même que 1998 fut la première Coupe du monde du XXIe siècle, bien qu'elle se déroulât encore au XXe siècle. L'organisation demeure un modèle toujours en vigueur. Fernand Sastre, Jacques Lambert et Michel Platini avaient pensé au public en offrant des matchs

avec des têtes de séries, quel que soit le stade.
Ils ont instauré une véritable décentralisation
de l'événement grâce à cette répartition ter-
ritoriale des affiches. Les meilleures équipes
du monde n'ont pas seulement joué à Paris,
mais à Toulouse, Nantes ou Bordeaux. Tout
le monde y trouvait son compte. C'était une
nouveauté, ne pas verser dans le foot jaco-
bin… Les spectateurs pouvaient aussi se pro-
curer des packs de billets variés, assurant de
voir de bonnes équipes, de très bonnes équipes
et d'autres plus exotiques. Les taux de rem-
plissages ont attesté de cet énorme succès.
La présence du pays hôte le plus loin possible dans le tableau final apporte une touche
supplémentaire incontestable à la magie d'un
Mondial, mais j'ai le souvenir de moments
très festifs, même quand les Bleus ne jouaient
pas. Un Argentine-Croatie à Bordeaux avait
des accents magnifiques. Mais de tout cela,
nous ne profitions guère, pensant toujours
au lendemain. Thierry était en permanence
dans l'anticipation, posant mille questions à la
suite : avait-on commandé notre « rongeur », à

quelle heure décollerait notre prochain avion, à quoi ressemblerait la future affiche que nous commenterions... Pas de repos pour les braves.

Comme d'habitude quand on couvre pareil événement, Thierry et moi n'avions pas vu passer les semaines de compétition, que la France se hissait déjà en demi-finale. Nous mesurions la ferveur autour des Bleus aux contacts que nous avions avec le public. Le public français, évidemment, car pour le reste des spectateurs, ni Thierry ni moi n'existions... Les gens venaient nous demander des infos. À l'occasion de France-Paraguay à Lens *(1-0, 28/06/1198)*, nous avons dû répondre à beaucoup de questions : « *Va-t-on y arriver ? Jacquet va-t-il trouver la bonne solution ? Nos attaquants, muets, vont-ils enfin marquer des buts ?* » Nos interlocuteurs du jour avaient besoin d'être rassurés. Au début de la compétition, la France n'est pas partie favorite mais, petit à petit, les ténors ont faiblit. Le Brésil est accroché d'entrée de jeu, l'Argentine ternit

119

au fil des matchs, l'Allemagne n'impressionne pas… On commence à se dire que le rêve est peut-être accessible. Selon les statistiques, ce Mondial doit revenir à une équipe européenne. La seule qui fasse réellement peur, c'est celle des Pays-Bas, mais on ne les jouera finalement pas. Au fil des jours, ce n'est plus uniquement le public qui vient nous trouver pour parler de l'équipe de France, mais nos confrères étrangers qui ont envie d'entendre notre son de cloche. Ces confidences s'échangent en tribune de presse, mais on n'en fait pas trop. Thierry se charge de nos amis journalistes anglophones, je m'occupe des hispaniques. Italiens, grecs, irlandais… il connaissait ces *alter ego* de longue date. Les supporteurs tricolores avaient vraiment laissé leurs maillots de clubs aux vestiaires et soutenaient les Bleus à fond. Nous avons senti le pays vibrer au rythme des victoires de l'équipe de France. L'enthousiasme était palpable.

Le soir de la finale, « *La Grande finale* », comme l'assénait Aimé Jacquet à ses joueurs,

120

Thierry n'a pas hésité à enfiler le tee-shirt de l'équipe de France que je lui avais apporté. On en avait un peu marre d'être traité de chauvins par une *intelligentsia* journalistique qui rêve de commentateurs impartiaux. Je voulais que ces confrères bien-pensants comprennent une bonne fois pour toute que quand notre équipe nationale joue, nous sommes derrière elle. En 1998, nous étions de plus très opposés à la campagne médiatique anti-Jacquet. Et Thierry dans ses diverses tribunes et moi, à travers la rédaction de *Onze-Mondial* que je dirigeais encore, contestions les prises de position de ceux qui faisaient l'opinion, de la direction de *L'Équipe*, même si ces journalistes étaient par ailleurs évidemment compétents. Il n'y avait pas de raison objective ou sportive, tout du moins, à être hostile à ce sélectionneur. Ce n'est pas parce qu'il vient de Sail-sous-Couzan, petit village reculé de la Loire et qu'il a l'accent de son pays qu'il faut ostraciser l'homme ! D'autant qu'Aimé avait fait ses preuves sur le terrain. Avec l'ASSE en tant que joueur, bien sûr,

mais aussi comme entraîneur de Bordeaux.
Pendant la décennie 1980, les Girondins
étaient le club phare français. Trois titres de
champion de France, une Coupe de France,
deux demi-finales de Coupe d'Europe...
le palmarès est largement respectable, il me
semble, même si ses passages à Montpellier
et Nancy furent plus compliqués. L'homme
est intègre, vaillant, tolérant, sachant trancher,
prendre des décisions et responsabiliser ses
troupes. Bref, il avait beaucoup de qualités
par rapport aux petits défauts que d'aucuns
lui reprochaient et qui se résumaient alors
principalement à une communication différente. Quand il prend les rênes de l'équipe de
France, en sérieuse reconstruction, il parvient
tout d'abord à la qualifier pour l'Euro de
1996. Son parcours durant cette première
compétition n'est objectivement pas une
faillite. Demi-finaliste, éliminée aux tirs aux
buts par la République Tchèque, c'est plutôt
honorable. Nous saurions nous plier au
résultat et accepter la loi du sport, mais au
coup d'envoi de ce France-Brésil 98, Thierry et

moi souhaitions évidemment une victoire des nôtres. La meilleure façon de faire savoir notre parti pris était de mettre ces maillots. C'est l'intendant des Bleus, Henri Émile qui les avait confiés à notre assistante de production pour qu'elle nous les offre. La veille du match, je fais part de mon intention à Thierry. Il était évidemment partant. Surtout si c'était pour faire la nique à ceux qui avaient dénigré Jacquet ! Sylvaine a l'idée de glisser deux perruques dans le sac en plastique où sont rangés nos maillots. Dans l'euphorie de la victoire, nous avons terminé la retransmission en tuniques bleues, une perruque tricolore vissée sur le crâne et Thierry avait même une écharpe. «*Ah quel pied !*», je n'ai rien à ajouter à sa conclusion légendaire.

Pays-Bas-Belgique : Euro 2000

Cette épreuve se déroulait à cheval sur deux pays, ce qui ne facilite ni la fluidité ni la cohérence de l'événement. L'organisation était d'un niveau très inférieur à celui proposé par la France deux ans auparavant et pourtant, il n'y avait que seize équipes contre trente-deux en 1998. Ce que nous vivions Thierry et moi reflétait très fidèlement les difficultés quotidiennes auxquelles étaient confrontés les spectateurs. Notre arrivée au stade de Arnhem, en Hollande pour le premier match que nous commentions *(Turquie-Italie, 1-2, le 11/06/2000)* fut digne du sketch de Raymond Devos, *Le Plaisir des sens*, dans lequel il décrit un automobiliste prisonnier d'un carrefour giratoire parce que chaque rue qui s'en échappe est en sens interdit. J'étais au volant, nous approchions du stade, mais toutes les voies qui desservaient le parking étaient en sens interdit. Thierry commençait à perdre patience. Il a baissé sa vitre et demandé conseil à un agent de sécurité qui nous a indiqué d'emprunter... un sens interdit ! On savait passer outre ce genre de petits désagréments, mais lorsqu'ils se répétaient à l'envi, ce qui fut le cas, ils devenaient exaspérants.

Sur le terrain, cette année-là, les Bleus ont bénéficié du minimum de chance indispensable pour l'emporter à ce niveau. En demi-finale déjà, ils ont dû compter sur la main providentielle d'un adversaire dans sa surface à trois minutes de la fin de la prolongation. Le pénalty transformé par Zidane leur a donné la victoire sans avoir à disputer une séance de tirs aux buts qui se révèle toujours hasardeuse *(France-Portugal, 2-1, le 28/06/2000)*. Au tour d'avant, contre l'Espagne, Raul, qui ne rate d'ordinaire pas ce genre d'occasion, manque son pénalty face à Barthez à la toute dernière seconde du temps réglementaire *(Espagne-France, 1-2, le 25/06/2000)*. On semblait bénéficier de la dynamique vertueuse de la Coupe du monde de 1998. Le scénario de la finale a encore pris tout le monde de court. Face à l'Italie, il ne reste qu'une poignée de secondes à jouer dans le temps additionnel. Tous les spectateurs présents et les téléspectateurs devant leur télé, Thierry et moi en tête, estiment que l'affaire est pliée. Les italiens sur le banc de touche se voient déjà brandir la coupe et déboucher le champagne. Ils ont des fourmis dans les jambes. On les voit prêts à envahir le terrain. À la 93e minute, Sylvain Wiltord s'échappe sur l'aile gauche et propulse le ballon dans le petit filet opposé. Une égalisation inespérée. «*C'est incroyable, c'est irrespirable, mais la France revient!*», hurle Thierry. Le but en or de Trézéguet avant la fin de la première prolongation nous assure le titre *(France-Italie, 2-1, 2/07/2000)*. Mais perdre cette finale n'aurait été ni un scandale ni une honte. Les Bleus demeuraient de toute façon champions du monde en titre et devenaient en plus finalistes de l'Euro, défaits seulement 1-0 par des Italiens talentueux… Un bilan largement honorable. Mais le vent a soufflé dans le bon sens. Cette nouvelle ligne au palmarès de l'équipe de France a bien sûr fait extrêmement plaisir à Thierry qui l'a vécue comme s'il venait de gravir le K2. Une belle performance, mais un peu moins tout de même que son Éverest, le Mondial 1998. Le fait d'arracher ce titre au nez et à la barbe de footballeurs italiens lui a également bien plu. Il aimait la cuisine italienne, de nombreux sportifs italiens, la musique italienne, les paysages italiens... mais avait un peu de mal avec les joueurs de foot italiens. Il trouvait que certains résultats n'étaient pas conformes à la logique sportive et que quelques comportements n'étaient pas en adéquation avec les règlements. Pour mémoire, le Coni (Comité olympique national italien) avait malencontreusement égaré des centaines de prélèvements biologiques qui devaient être analysés.

Japon-Corée : Coupe du monde 2002

La préparation de l'équipe de France, qualifiée d'office car championne du monde en titre, est à mon sens la négation de ce que des sportifs doivent faire. J'entends par-là qu'il n'y a pas eu de préparation ! Les joueurs et une bonne partie de l'encadrement se prenaient pour des rocks stars. Ils logeaient au Sheraton de Seoul, un palace somptueux ouvert aux quatre vents et à bien des visiteurs et des visiteuses.

C'est aussi là, que le président de la FFF, Claude Simonet, passera une bouteille de Romanée Conti à 4 800 € sur sa note de frais ! La Fédération avait perdu la tête. Tout ce qui a été entrepris s'est révélé une gigantesque bêtise pour employer un euphémisme me permettant de rester poli. Que penser en effet de la demande faite à l'équipementier Adidas de plancher avant le début de la compétition sur un projet de maillot où une seconde étoile de champion du monde serait brodée ? Est-ce respecter les adversaires ? Est-ce afficher son humilité ? Bien sûr, il ne s'agit là que d'un détail, mais qui en dit long sur la mentalité d'alors. Cette initiative, cautionnée par les dirigeants de l'équipe de France est hallucinante ! Les intérêts financiers ont conduit à des décisions déplorables. Pour satisfaire un sponsor, un match est organisé en Corée avant le coup d'envoi du Mondial, au cours duquel on exhibe notre joyau, notre célébrissime numéro 10. Comment a-t-on pu aligner Zidane qui venait d'offrir la Ligue des champions au Real Madrid et traînait un

1960. Cette décennie marque les vrais débuts de Thierry à la télévision. Athlétisme, cyclisme, boxe et bien évidemment football, il couvre tous les sports et participe notamment à la prestigieuse émission de Jacques Goddet et Raymond Marcillac, *Les coulisses de l'exploit*. 1962 est aussi l'année de la première Coupe du monde que Thierry commente au Mexique, en différé…

◀ **19 septembre 1979.** Ayant quitté mes fonctions de dirigeant du PSG, j'effectue mes premiers pas de consultant auprès de Thierry. Nous sommes à Lodz, où l'ASSE emmenée par Michel Platini affronte le Widzew (défaite des Verts 2-1) au premier tour de la Coupe de l'UEFA. Les prémices d'une longue association...

▲ **Janvier 1990.** Retrouvailles au sommet, avec Jacques Vendroux à l'occasion du tournoi du Koweit. Le keffieh nous va si bien... La France n'ira pas au Mondial cet été-là. On se console en terminant premier de ce mini-championnat devant la RDA et le Koweit. C'est maigre.

◀ **8 mars 1989.** Notre tandem entre dans sa dixième année...
À l'Hampden Park de Glasgow, Thierry et moi affrontons la pluie, presque habillés à la mode locale, avec des petites touches écossaises... Les Bleus, coachés par Michel Platini, perdent la partie. Fidèles à notre habitude, je me tiens à la gauche de Thierry, qui guette le coup d'envoi.

▲ **16 mai 2000.** Dans les salons de l'Élysée, après le protocole de la remise de notre Légion d'honneur, l'heure est à la détente autour de Jacques Chirac. Le Président sait s'y prendre et Thierry ne boude pas son plaisir... Au second plan, on distingue le visage de notre assistante de production, Sylvaine Mignogna. Fidèle.

▶ *(Ci-contre)* **11 mai 2002.** Avec ses lunettes jumelles, Thierry ne perd pas une miette du triste spectacle qui s'abat sur le Stade de France. Il n'en croit pas ses yeux. Je suis abasourdi. La Marseillaise est une nouvelle fois sifflée, à l'occasion ce soir-là de la finale de la Coupe de France. Une honte. Une blessure. Une tristesse.

Été 1990. Séance souvenir avant de nous envoler pour le coup d'envoi de la Coupe du monde en Italie, le 8 juin. Les sweat-shirts bien amples et très discrets aux couleurs de l'événement n'altèrent pas l'enthousiasme de Thierry. Son sourire témoin de sa passion.

© Sipa

© AFP

(© Abaca)

▲ Thierry avait une véritable passion pour les restaurants italiens. Je ne déteste pas non plus...

▼ **Été 2011.** M6 a décidé de mettre en scène nos retrouvailles à l'occasion de Roumanie-France. Thierry est venu me rendre visite dans le Pays basque. Sur le golf de Chantaco, que je connais bien, nous jouons une petite saynète qui servira de bande-annonce. J'aime cette image de nous deux, décontractés, regardant une pelouse à l'infini...

(© Thomas Vollaire)

▶ **31 mai 2012.** Notre ultime photo ensemble, à l'occasion des 80 ans de la LFP. Thierry, souriant et rigolard, comme à son habitude, m'avait toutefois paru un peu fatigué…

© Jean Bibard / FEP

▼ **6 février 2013.** À l'occasion du match amical France-Allemagne, une plaque commémorative a été dévoilée, donnant le nom de Thierry Roland à la tribune de presse du Stade de France. L'ami Vendroux est là, bien sûr, pour entourer avec moi, Gary et Françoise, le fils et la femme de Thierry. Nos sourires de circonstance masquent à peine notre tristesse.

19 juin 2012. À Kiev, les Bleus affrontent la Suède à l'Euro. Clément, d'Antibes, et ses amis supporteurs sont aux premières loges. Leurs mots sont simples et si touchants.

La Voix au Foot
à jamais dans nos Cœurs
Tout à fait THIERRY
Reposes en Paix.

peu la patte en ce début d'été ? Résultat de
cette inconséquence : Zizou quitte la pelouse,
blessé à la cuisse et hypothèque sa Coupe du
monde et celle de son équipe. Trois tout petits
matchs, zéro but, et les Bleus quittent l'Asie
la tête très basse. Thierry et moi, en revanche,
sommes partis pour rester jusqu'au bout, mais
sans la France, le temps va être long. L'épreuve
se déroulait une nouvelle fois, à cheval sur deux
pays, ce qui compliquait les choses. Thierry a
beau parler remarquablement anglais, il a dû
mal à se faire comprendre. Attraper un train
ou un avion ne se fait jamais facilement. On
vit un tel contraste avec 1998 ! Y compris au
plan footballistique. D'ailleurs, le niveau de la
finale n'a pas atteint des sommets *(Allemagne-
Brésil, 0-2, le 30/06/2002)* : le meilleur gardien
du monde, Oliver Kahn livre une prestation
assez faible, Ronaldo y va de son doublé et le
Brésil empoche sa dernière Coupe du monde
en date ; en attendant 2014 ? Même si l'affiche
est belle, la partition n'est pas concluante.

Mais rien de tout cela n'est évidemment

à l'origine de notre engueulade avec Thierry, à la mi-temps. Notre prise de bec n'a pas été diffusée en direct, mais tourne encore en boucle sur les plateformes de vidéo en ligne, quatorze ans après ! Il n'y a pas d'images, juste le son. Les dessous de « l'affaire » sont tellement dérisoires… Thierry était un peu agacé ce soir-là car les billets qu'il avait promis à des proches pour la finale lui étaient passés sous le nez, à la dernière minute. L'attaché de presse des sports de TF1 les avait initialement bien volontiers réservés à Thierry, avant que la direction de la chaîne ne lui ordonne *in fine* de les donner aux techniciens qui n'avaient que peu profité du spectacle jusque-là. Notre attaché de presse, toujours sympa et dévoué envers nous, ne faisait qu'obéir à une instruction qui venait d'en haut. Thierry lui en voulait, mais sa cible était mal choisie. C'est ce que je me suis efforcé de lui faire comprendre. Le ton est monté. Un échange vif, ponctué de longs et lourds silences, qui a duré moins de deux minutes. Si le technicien qui a mis après coup cette scène de ménage en ligne s'est fait plaisir, parce qu'il est tordu et qu'il rêvait de ça, c'est son problème. Si je le connaissais et l'avais en face de moi, je n'irais pas pour autant lui régler son compte. J'avais dit à Thierry ma façon de penser sur cette histoire de billets, il m'avait répondu. Pour nous, l'incident était clos. D'ailleurs, nous avons repris nos commentaires comme si de rien n'était au coup d'envoi de la deuxième mi-temps et n'avons par la suite jamais reparlé de ça. Avec Thierry, on s'est « chatouillés » une fois pour des broutilles en vingt cinq ans, comme ça arrive entre amis, on n'allait pas en faire un plat. Ce qui nous a le plus étonné tous les deux c'est la caisse de résonnance médiatique que cela a provoqué. Quel écho pour pas grand-chose ! Et si c'est tout ce que l'on retient à notre insu en deux décennies et demi d'activité, on s'en sort bien... Si nos commentaires avaient été du niveau de ceux du service public à l'occasion des derniers Jeux olympiques de Sotchi cet hiver 2014, nous n'aurions jamais tenu la distance. Candeloro était franchement grivois : pour lui, le patinage

131

féminin se résume à ce qu'il voit en dessous
de la taille de l'athlète. Quant à Monfort, plus
caricatural que sa marionnette des Guignols,
il ne dissertait lui aussi que sur la plastique
des patineurs lors des dizaines de tours qu'ils
enchaînaient pendant les épreuves de short-
track. Téléspectateur et ancien prof de gym,
j'attends que les journalistes m'expliquent
la technique de sports qui sont peu diffusés.
Mais cet hiver, devant ma télé, je n'ai malheureusement rien appris, ni sur le patinage
de vitesse ni sur le short-track. C'était nul,
zéro! J'ai évoqué la faconde de Thierry, mais
où ranger sa petite phrase sur la ressemblance
entre Coréens dans la litanie de sottises et de
propos vulgaires que j'ai entendus pendant
ces J.O? À la première place? Je ne le pense
pas! Je n'allume pas mon poste pour entendre
un reporter hurler quand il interview Jason
Lamy-Chappuis: «*Nous sommes avec Jaize*».
Où sommes-nous? À qui parle-t-on? Et dire
qu'on nous reproche parfois de nous tutoyer
sur l'antenne de RMC! Et son confrère qui
décerne une médaille à notre biathlète Anaïs

Bescond alors que toutes les concurrentes n'ont pas terminé leur course et qu'elle rétrograde, la mine défaite, à la cinquième place? Il s'agit sans doute de professionnalisme indiscutable… Si Thierry et moi avions démontré autant de faiblesses techniques, d'approximations et de laisser-aller langagier, on serait encore suspendus au plafond de TF1, en train de balancer…

9

…Et deux drames

Avec Thierry, il n'y a jamais eu un match auquel nous avons assisté à contrecœur, que ce soit à cause de l'affiche, du timing ou du lieu. Mais les tragédies du Heysel et de Furiani restent pour nous des blessures.

Le drame du Heysel, 1985

Le stade du Heysel, à Bruxelles, accueille la finale de Coupe d'Europe des clubs champions (*Juventus Turin-Liverpool, 1-0, 29/05/1985*). La capacité du stade est largement dépassée;

la faute à un contrôle défaillant. Il y a trop de spectateurs, trop de personnes entassées dans les tribunes. L'horreur qui s'abat là est le résultat du comportement de hooligans qui ne doivent ni aimer leur équipe, ni apprécier le foot. Bien avant le coup d'envoi, des fanatiques de Liverpool, passablement ivres et hystériques, regroupés dans un virage veulent en découdre avec des supporters italiens qu'ils aperçoivent dans la tribune Z, située à côté de la leur. À force de pression et d'acharnement, ils parviennent à leur fin. La bousculade est immense. Des gens sont piétinés. La police empêche de surcroît une éventuelle fuite par la pelouse. L'organisateur aurait dû mieux sécuriser les espaces réservés aux supporters de chaque équipe. Le bilan, connu bien plus tard, a fait état de 39 morts et plusieurs centaines de blessés.

Thierry et moi sommes situés loin du virage où s'effondrent grilles de séparation et murets. Les spectateurs italiens, furieux de l'organisation, se sont exprimés avec force devant les officiels. La tribune de presse était située juste au-dessus. Les services de sécurité belges du stade ont immédiatement mis en place un cordon de policiers afin que personne ne puisse quitter sa zone. Impossible donc de bouger ! Certains confrères – qui auraient évidemment beaucoup mieux agi que nous – nous ont reproché de ne pas avoir cherché à donner plus d'information sur la situation tendue. Et si j'avais pu quitter ma place, aurais-je essayé de couvrir l'événement ? Je n'en sais rien. Nous n'étions de surcroît pas équipés de moyens mobiles modernes comme en bénéficient les reporters des chaînes d'info à présent... Cette prétendue leçon de journalisme était injuste à mes yeux, mais ces vifs reproches m'ont un peu vexé. Thierry n'a pas encaissé ces critiques de la même manière. Il préférait laisser dire, persuadé que ces redresseurs de tort n'auraient pas agi différemment dans ce contexte. À l'hôtel, nous étions dépités. Et en colère !

La tragédie de Furiani, 1992

Sept ans plus tard, des événements dramatiques similaires se sont produits en Corse, à l'occasion d'une demi-finale de la Coupe de France entre Bastia et Marseille *(5/05/1992, match non joué)*. Ils n'étaient pas dus cette fois-ci aux débordements ni à la hargne de hooligans, mais à des infrastructures défaillantes, en l'occurrence à une tribune trop fragile pour accueillir tant de monde. Sous le poids du public elle s'est effondrée, entrainant des spectateurs dans une chute mortelle de quinze mètres. La pelouse est envahie par des gens apeurés. Le stade est évacué, des hélicoptères se posent sur le terrain pour apporter les premiers secours. Une vision apocalyptique. 18 personnes ont perdu la vie ce soir là et plus de deux mille autres ont été blessées.

Sans plus de moyens techniques qu'au Heysel, je décide de descendre sous ma tribune pour aller rendre compte de la situation. J'ai récolté des informations que j'ai ensuite

138

portées à la connaissance du public. J'ai
témoigné. Un rôle qui n'était pas le mien. En
analysant la soirée avec Thierry, on a évidemment, comme tout le monde, trouvé à redire
sur la structure métallique mise en place et
servant de tribune. Un château de cartes ! Le
plus estomaquant fut la déclaration du président de la Fédération française de football
qui s'empresse de réfuter toute responsabilité
en direct dans le JT de PPDA. D'accord, dans
cette confusion, on ne connaissait pas le bilan
de cette catastrophe, mais j'avais déjà indiqué
en direct qu'il serait lourd. *« Je crains, Thierry,
qu'il y ait d'avantage que des blessés graves »*, ai-je
en substance dit à l'antenne. Fournet-Fayard
n'a pas assumé. Cette soirée nous plombe
avec Thierry. Dans l'avion qui nous conduit
à Lisbonne pour commenter le lendemain la
finale de la Coupe d'Europe des vainqueurs
de coupe *(Werder Brême-AS Monaco, 2-0,
6/05/1992)*, nous n'échangeons pas un seul
mot. On arrive à notre hôtel vers 4 heures du
matin. Impossible de trouver le sommeil. On
pense toujours que ce genre de drame n'arrive

qu'aux autres. Ce match ne s'annonçait pourtant pas comme le plus tendu…

À ces deux souvenirs douloureux pour nous et funestes pour de nombreuses familles, et même s'ils ne sont pas à mettre en parallèle, je souhaite ajouter ceux d'un pays en délicatesse avec son passé, la France. Deux matchs au cours desquels l'hymne national fut bafoué et qui nous ont laissés à Thierry et à moi, une très forte amertume au fond de la gorge. Le 6 octobre 2001, le premier (et seul à ce jour) France-Algérie de l'histoire est organisé au Stade de France. Beaucoup de craintes de dérapages entourent la rencontre. Elles étaient fondées. Étienne Mougeotte, le patron des programmes de TF1 nous fait comprendre que nous devons commenter l'aspect purement sportif de l'événement. Le message est bref mais limpide : « *On reste sur le match* ». Et s'il devait effectivement se produire des incidents, y avoir des débordements, quelqu'un d'autre s'en occuperait, précisa-t-il. Mais en réalité, personne d'autre, de la rédaction, par exemple, n'était dans le stade pour couvrir l'événement en direct à la façon d'un fait de société, si besoin. Thierry et moi partions au feu. Le son et l'image étaient là. Les téléspectateurs ont entendu que la Marseillaise avait été sifflée et que le public grondait à chaque fois qu'un français touchait la balle. Nous avons aussi signalé l'envahissement du stade. Il aurait été impensable de maquiller la vérité. La consigne très ferme de Mougeotte était difficile à respecter. Ce match était une mauvaise idée. Le pays n'était pas prêt. Que ce match amical international ne puisse aller à son terme, c'était une grande première. Thierry a été révolté d'entendre la Marseillaise sifflée. Les politiques présents au Stade de France ont pris conscience du mal qui gangrénait une partie du pays. Ils sont habituellement si loin de la réalité. Et leurs conseillers ne leur délivrent que les bonnes nouvelles, s'empressant d'enterrer les mauvaises... Ils ont touché du doigt le problème du «vivre ensemble». Le football a une nouvelle fois été pris en otage par des individus qui ne sont bien nulle part et passent leur temps à cracher sur tout, à dénigrer. Quelques mois plus tard, à l'occasion de la finale de la Coupe de France *(Lorient-Bastia, 1-0, 11/05/2002)*, rebelote, la Marseillaise est à nouveau sifflée. La caméra isolée qui suivait le président de la République Jacques Chirac ne cache rien de son attitude révoltée, indignée, blessée. Il quitte momentanément sa place le temps que l'agitation cesse, après que le président de la FFF, Claude Simonet, s'est adressé au micro aux 66 000 spectateurs et présente ses excuses. Le foot n'est pas en cause! Le public ne s'en prend pas à un joueur, à une équipe, à un arbitre... il s'en prend au symbole de notre république. Thierry et moi faisons part de notre profonde tristesse face à ces agissements. Le public comprend notre attitude et nous témoigne sa sympathie.

10

Jardins secrets

(l'amour, Dieu et la mode)

Thierry a rencontré sa femme Françoise à peu près dans les mêmes années où nous avons fait connaissance. Peut-être un peu avant. Mais il était très secret sur sa vie sentimentale et pas du genre à se répandre en grandes explications et petits détails. C'était une tombe. À l'heure de ma reconversion dans les médias à l'aube des années 1980, quand je travaillais à Paris, j'habitais alors à Noisy-le-Roi, en famille. On ne se recevait entre Roland et Larqué qu'une fois dans l'année. L'histoire, notre histoire d'hommes, notre relation amicale tournait vraiment autour de nous deux. Thierry était très fier de son fils Gary, qui est arrivé assez tard dans sa vie car il avait déjà 48 ans. Du coup, au fil des années, ils étaient devenus plus copains que père et fils. Et puis, il faut dire que Thierry n'avait pas beaucoup de repères en matière d'éducation paternelle. Il avait perdu son père alors qu'il était encore très jeune et a été élevé principalement par sa maman, que j'ai très bien connue; elle venait d'une famille de russes blancs de Saint-Petersbourg, arrivés en France après avoir été chassés par la révolution de 1917. S'il était assez discret sur ses rapports avec Gary, c'est aussi parce qu'il craignait d'être un peu dur. Comme il n'était ni laxiste ni tolérant dans sa pédagogie, il redoutait de passer pour un père dirigiste. En fait, je pense qu'il manquait de confiance en lui sur ce terrain-là. Lui connaissait mes enfants que j'ai eus assez tôt (j'avais 24 ans quand Peggy est née, 27 pour Grégory et 32 pour Anthony). Intéressé, il me posait toujours des questions et se souciait d'eux. Je lui en parlais volontiers.

Thierry a été élevé dans des instituts reli-
gieux mais avait un peu laissé tomber la foi
et nous ne discutions pas de Dieu ensemble.
Je serais donc bien incapable de dire s'il était
chrétien, juif ou musulman. Connaissant
mes convictions, il n'était pas étonné quand
il m'arrivait parfois de pousser la porte d'une
église à l'étranger pour assister à un office dans
une langue que je ne maîtrisais pas, comme
au Portugal pendant l'Euro 2004. Après tout,
en français, latin ou grec, une messe est une
messe. Nous échangions en revanche un peu
plus sur nos idées et nos convictions politiques. Lui comme moi avions une sensibilité
de droite. Nous avons commencé à travailler
ensemble après le septennat de Valéry Giscard
d'Estaing. Quand François Mitterrand est
arrivé au pouvoir, je l'ai senti assez critique
vis-à-vis de cette alternance, même s'il ne l'a
pas trop manifesté au début. Mais quand le
pouvoir socialiste a été rattrapé par les affaires
et que la situation familiale du Président a été
révélée au grand jour (je pense à l'existence
longtemps cachée de sa fille Mazarine), il était

indigné, pas du tout en phase avec la morale de François Mitterrand. Il ne s'est alors pas privé de quelques piques sur l'entourage des gouvernants, fustigeant ces comportements contraires à ses convictions. Mais sur les options politiques elles-mêmes, les stratégies économiques ou sociales, il ne se prononçait guère.

Il ne m'a jamais raconté ses jeunes années. Je parle de sa vie avant ses quinze ans, son retour en France après des années de pensionnats en Angleterre. Trois lustres en forme de black out total. La vie semblait avoir commencé pour lui à l'adolescence. De ces années-là en revanche, il me parlait souvent. L'année du bac, au lieu d'aller au lycée, il préférait s'enfermer dans les cinémas des Champs-Élysées et enchaîner trois films dans la journée. Il séchait les cours au chaud ! Son autre occupation favorite, un peu plus tard, c'était les «courtines», comme il disait, les courses de chevaux. Il avait récolté un tuyau et jouait volontiers une ou deux pièces. Plus à Auteuil qu'à Longchamp… Il avait bien profité de ces années de jeunesse qui son restées gravées en lui.

Des années plus tard, la vie parisienne de Thierry était réglée comme du papier à musique. Il débutait ses journées par une balade avec son chien, achetait la presse et dévorait *Le Parisien* et *L'Équipe*. Puis, s'il avait glané une piste pour une course hippique, il mandatait un camarade – avec lequel il a possédé des chevaux –, afin qu'il joue pour lui... Quand on dormait au Loews à Monaco, il s'arrêtait régulièrement après le match pour taquiner les machines à sous. C'était à peu près les seules fois où il ne regagnait pas directement sa chambre. Il aimait jouer. C'était sa petite faiblesse, héritée de son adolescence.

À titre professionnel, nous étions souvent invités ensemble à des manifestations, parfois inimaginables, farfelues et sans rapport direct avec notre activité. Ça allait de l'ouverture d'un magasin de sport dans une banlieue lointaine au vernissage branché d'une exposition de photos jusqu'à la remise d'un prix quelconque.

Nous avons été très demandés pendant vingt-cinq ans. On aurait facilement pu passer plus d'une soirée par semaine dehors si ça nous avait plu. Nous avons décliné 90 % de ces sollicitations. L'excuse récurrente que Thierry invoquait auprès de nos hôtes déçus, était évidemment le foot : il avait toujours une compétition à regarder ce jour-là. Comme les bristols arrivaient chez lui, c'est lui qui se chargeait de répondre négativement à ces gentilles demandes de notre part à tous les deux. Tant mieux ! J'ai souvenir que nous avons accepté ensemble d'être membres du jury de Miss France. Jacques Vendroux était avec nous. On prenait ce concours à la légère pour éviter de passer pour des maquignons qui jugent des bêtes sur pieds. La famille Fontenay était alors au grand complet. Et plus Geneviève nous demandait de rester sérieux, moins nous y parvenions. Des années plus tard, Thierry a de nouveau été juré du concours, mais l'organisation s'est bien gardée de vouloir reformer notre turbulent duo... Si à la télé quelques fois nous apparaissions en costumes, à la ville, Thierry ne brillait pas par son élégance. Il se moquait éperdument de son look. Il était très adepte de la chemise à carreaux qu'il pouvait sans vergogne marier à des chaussettes orange, par exemple. Mais il était à l'aise comme ça, et j'avoue que je n'osais pas le chambrer sur ce sujet-là. Il aurait tout de même pu faire un petit effort. Quand TF1 nous fournissait nos tenues, il les mettait sans plus de conviction que cela. Cacharel était à une époque chargé de fournir sa garde-robe au staff de TF1. Cette marque aime bien la couleur... Je me souviens de Frédéric Jaillant en costume prune. « *On dirait un clafoutis* », ai-je commenté en direct. Mais encore une fois, Thierry aurait pu sortir vêtu d'une veille pelisse, ça ne l'aurait pas gêné.

11

Le foot à l'honneur

(les gars de la Légion)

Le 16 mai 2000, nous avons été faits chevalier dans l'ordre de la Légion d'honneur par le
président Jacques Chirac. La cérémonie s'est
tenue dans les magnifiques salons du palais de
l'Élysée. J'avais reçu un courrier à en-tête de
l'Élysée, sans autre forme préalable d'avertissement. Ce fut une réelle surprise pour moi.
Et pour Thierry aussi, que j'ai appelé dans
la foulée. Lui non plus n'était pas dans la
confidence. Enfin, c'est ce qu'il m'a toujours
dit... Je suis incapable de savoir aujourd'hui
encore qui a fait cette demande pour nous.
Je crois savoir, mais mes informations ne sont

pas vérifiées, que Jean-François Lamour, alors ministre des Sports et de la Jeunesse du gouvernement Raffarin aurait avancé nos noms. Je n'en jurerais toutefois pas. Nous nous connaissions à travers nos activités et nos racines respectives, nous nous sommes croisés à de nombreuses reprises et nous nous appréciions. Passée la surprise, Thierry s'est vite fait à l'idée. Il en fallait beaucoup pour qu'il soit désarçonné ! On lui offrait une « médaille de guerre », il l'acceptait de grand cœur et avec simplicité. J'estimais – et je n'ai pas changé d'avis –, quant à moi, que je n'étais pas à la hauteur de cette décoration. Mon sentiment a été confirmé lors de la remise en grande pompe, au cours de laquelle le président de la République décorait également un militaire haut gradé qui avait vécu Dien Bien Phu, un dignitaire du judaïsme en France et qui sais-je encore. Non, je n'étais pas à la hauteur... Qu'est-ce que je faisais au milieu de telles figures ? Ma famille et quelques amis du Pays basque étaient venus assister à cette cérémonie. Jacques Chirac savait mettre les gens à l'aise. Thierry et moi étions contents. Quand on se voit offrir un cadeau ou une récompense, la pire des choses est de reléguer ça au grenier parmi des nids à poussière ! Soit on refuse la légion d'honneur, soit on l'assume : « *La Légion, tu l'aimes ou tu la quittes* ». Voilà pourquoi je porte fièrement ce ruban, même si je sais pertinemment que je suis à cent lieues de mériter ça par rapport à d'autres personnages, illustres. Pour la patrie, je n'ai fait que jouer au football, puis commenter des matchs avec Thierry. Je ne me berce pas d'illusions, mais ne considère pas ce signe comme anecdotique.

Par l'intermédiaire de Jacques Vendroux, Thierry et moi étions invités une fois par an à l'Élysée, à un dîner. Depuis une bonne vingtaine d'années, le Variétés joue des matchs au profit de la fondation Hôpitaux de Paris-Hôpitaux de France, fondation que Bernadette Chirac fait vivre, notamment à travers l'opération annuelle des pièces jaunes. Ce dîner donné par madame Chirac visait à remercier les bienfaiteurs de sa généreuse entreprise au nombre desquels nous figurions. Je me souviens que Louis Nicollin faisait honneur au pain du boulanger de l'Élysée. Il s'avalait une miche entière et tendait son pouce levé à destination du Président pour lui signifier : « Chapeau, votre pain ! » Ça détendait l'atmosphère, sans oublier quelques verres de vin pour ses hôtes et son habituelle bière pour Chirac… Il y a quatre ans, j'ai accueilli à Saint-Jean de Luz, une opposition entre le VCF et une sélection Géodis *(5-1, le 13/10/2010)* au bénéfice de *Plus de vie*, une activité de la fondation de Bernadette Chirac. Elle s'est évidemment déplacée. C'est une personnalité impressionnante et dotée d'une énergie phénoménale. Elle peut se montrer caustique parfois, ne se laisse pas marcher sur les pieds et réagit très vite. Les choses doivent être carrées pour cette femme qui n'est cependant pas rigide. Elle est extrêmement sensible au dévouement de chacun pour faire avancer son projet. Elle appréciait donc l'initiative du Variétés à travers les matchs de bienfaisance que nous organisions et qui ont tout de même permis de récolter près d'un million d'euros pour son œuvre, au fil des années. Laurent Blanc, Didier Deschamps, Jean Tigana, Zinedine Zidane, Michel Platini ont un jour participé à ces oppositions de gala ! Contrairement à son mari qui regardait beaucoup la télé et de nombreux matchs de foot avec son petit fils Martin, Bernadette ne suivait pas ça de près. Elle se consacrait à son action plus qu'au terrain. Thierry étant le président à vie du VCF, Bernadette Chirac avait noué des relations privilégiées avec lui. Quand un match se jouait à Épernay, par exemple, ils s'y rendaient ensemble en voiture. À sa demande à elle, ils s'appelaient même par leurs prénoms. Moi non, c'était « Madame »... Retrouver madame Chirac derrière le cercueil de Thierry, au milieu des proches de Thierry lors de ses funérailles, n'était pas un hasard.

DEUXIÈME PARTIE

LE FOOT EN SOLO

12

L'Euro 2012
de Laurent Blanc

Thierry n'était pas un père la rigueur quand il s'agissait de disséquer des options tactiques (jeu en losange, une ou deux pointes, nombre de récupérateurs, etc) ou de passer au crible les réalisations techniques d'un match. Il laissait ce soin à d'autres observateurs. Ce n'était au fond pas son rôle et en fait, c'était très bien ainsi, car tout cela ne l'intéressait pas. Il s'en moquait et ça lui passait au-dessus de la tête. Il s'agissait selon lui des préro-gatives de l'entraîneur et ce n'était pas son boulot ! Lui savait que dix joueurs de champ et un gardien allaient affronter dix joueurs de champ et un gardien. L'essentiel. En revanche, Thierry était très sensible à l'environnement dans lequel se passait une rencontre et au comportement des joueurs sur et en dehors du terrain. Il n'était absolument pas tolérant avec les libertés que prenaient certains d'entre eux, qu'il appelait volontiers et avec un brin d'ironie «jeunes gens», voire carrément «petits merdeux» quand selon lui, ils franchissaient la ligne jaune.

Le 11 juin 2012, alors qu'il est à l'hôpital à Paris, je suis sur l'antenne de RMC avec Jano Rességuié qui commente le match de poule contre l'Angleterre *(1-1)* depuis la Donbass Arena de Donetsk en Ukraine. Après son but égalisateur, Samir Nasri, s'envole sur la pelouse le doigt sur la bouche, comme pour intimer le silence à quelqu'un. Derrière son index, on lit sur ses lèvres qu'il prononce distinctement un «ferme ta gueule», grâce aux caméras braquées en gros plan sur lui et qui ont plusieurs fois rediffusé les images au ralenti. J'ai immédiatement dénoncé ce geste et cette insulte stupides en direct à la radio en disant : « Sa réaction est vraiment une réaction de petite frappe ! N'a-t-il pas d'autre chose à faire ? C'est insupportable ! » Vexé par des articles peu élogieux parus avant l'Euro dans *L'Équipe*, voici comment réagissait Nasri. Quel exemple ! Marquer son but, sans plus de manifestation aurait évidemment été la réponse appropriée si tant est qu'il devait rétorquer quoi que ce soit au journaliste… Si j'avais commenté ce match avec Thierry Roland, je sais très bien qu'il n'aurait pas digéré cette attitude déplacée. Il avait certes grandi dans un milieu bourgeois, né dans le XVIe et élevé dans le VIIIe, mais ce n'est pas au nom de ces standards sociaux qu'il réagissait, car enfin, il n'était pas psychorigide à propos de n'importe quel sujet. Non, mais il n'acceptait pas que quelqu'un se permette de s'affranchir de sa hiérarchie. Thierry était respectueux de l'ordre établi, des systèmes et des règles. Ses racines russes ont peut-être aiguisé son appartenance au pays et à la Nation et sa reconnaissance du drapeau et du maillot tricolores. Il était très fortement, très viscéralement attaché à la Nation et son respect du drapeau, peut-être plus que quelqu'un dont les origines franco-françaises remontent à plusieurs générations. Il tenait ces valeurs en haute estime. Ses réactions parfois outrancières, ou jugées comme telles par certains, sont à lire à l'aune de cette explication. Imaginez à présent ce qu'il ressentait quand un joueur bafouait le maillot Bleu ou lorsqu'une équipe se proclamait en grève et refusait de descendre d'un bus pour seulement s'entraîner ! Il en devenait totalement intolérant. Pour en revenir à Nasri, il n'en était pas à son coup d'essai. En 2008, lors de la campagne de l'Euro 2008 en en Autriche et en Suisse, le garçon n'a pas montré beaucoup de respect envers les anciens, ceux qui ont écrit de belles pages de l'Histoire des Bleus. Sans vergogne, il a occupé la place de Thierry Henry – champion du monde en 1998 – dans le bus des Bleus. Même s'il n'y a rien de gravé dans le marbre, il y a des petites habitudes et des rituels, au sein d'un groupe, simples à observer et qui n'en perturbent en rien la bonne marche... William Gallas – vice-champion du monde en 2006 – n'a pas connu plus d'égards de la part du jeune de Manchester City quand il l'a un peu recadré à l'entraînement. Je ne parlerais pas d'habitude, mais je rappelle également qu'après le quart de finale perdu contre l'Espagne *(0-2, le 23/06/2012)*, le même s'est vigoureusement «emporté» en zone mixte, allant jusqu'à insulter en des termes que ne renierait pas un Anelka version Afrique du Sud 2010, un journaliste de l'AFP. Oui, on en était encore là deux ans après le tragique fiasco du Mondial.

Cet Euro avait un très fort arrière-goût de Knysna, malgré tous les efforts de Laurent Blanc. Le coach-sélectionneur ne pouvait pas tout faire en si peu de temps. Il a commencé par priver de sélection les 23 grévistes de Knysna dès sa prise de fonction. Agir ainsi d'entrée de jeu avec son équipe théorique n'était pas chose facile. Ça l'a mis d'emblée en position délicate. Il n'était toutefois pas question de les exclure à vie de sélection, mais d'un match seulement, amical de surcroît, contre la Norvège à Oslo *(2-1, le 11/08/2010)*, le premier qu'il dirigerait. Cette mesure témoigne de l'état de déliquescence dans lequel se trouvait alors la Fédération française de football, qui n'avait préalablement pas levé le petit doigt, mais seulement entériné cette décision de Blanc lors du conseil fédéral du 23 juillet.

Blanc a fait le sale boulot que ces messieurs de la Fédération répugnaient à faire. La FFF, en la personne de son président d'alors, Jean-Pierre Escalettes, avait désigné une commission pour juger les faits survenus en Afrique du Sud. Elle regroupait Patrick Braouezec, président de la Fondation du football, Laurent Davenas, avocat général près la Cour de cassation et Jacques Riolacci, ancien président de la commission de discipline de la Ligue : des membres qui n'étaient même pas présents à la Coupe du monde ! Les caciques de la FFF, présents eux en Afrique du Sud, n'étaient-ils donc pas capables de dire ce qu'il s'était passé, ce qu'ils avaient vu ? Que faisaient-ils donc sur place aux frais de la Fédération ? Ils mangeaient, ils buvaient, ils dormaient ? Soit. L'existence-même de cette commission prouvait donc l'incompétence de ces gens-là. Le 17 août, la Fédération s'est fendue du communiqué suivant : « Nicolas Anelka est sanctionné de 18 matchs de suspension ferme de sélection en équipe de France ; 5 matchs de suspension ferme de sélection en équipe de France sont prononcés à l'encontre de Patrice Évra ; Franck Ribéry devra purger 3 matchs de suspension ferme de sélection en équipe de France ; Jérémy Toulalan est sanctionné d'un match de suspension ferme de sélection en équipe de France. La Commission prend note des explications d'Éric Abidal, qui n'a pas été sanctionné. » À l'Euro 2012, une minorité de joueurs agissante reléguait au second plan le reste de l'équipe, qu'ils aient d'ailleurs été présents ou non en Afrique du Sud.

On aurait pu espérer que pendant trois semaines, les Bleus mettent entre parenthèses leurs petits conflits internes et placent leur ego sous l'éteignoir. Ce n'est pas grand chose trois semaines... On rêvait même que ces privilégiés se battent contre leur nature pour essayer de se comporter en modèles plus vertueux. Titulaires ou remplaçants, qu'ils se concentrent sur leur mission. Mais non ! Est-ce acceptable pendant le débrief d'un match par le coach que l'un des joueurs, l'air tout à fait détaché, se mette à tripoter son téléphone portable pour jouer, envoyer des SMS et des mails ou s'activer sur les réseaux sociaux ? Après la sévère déconvenue contre la Suède *(0-2, 19/06/2012)* c'est pourtant ce qui est arrivé ! Laurent Blanc a dû faire la police car Hatem Ben Arfa était pendu au téléphone. Le ton est même monté entre les deux hommes. Quelle tristesse, quelle image déplorable ! «Après une défaite, on a le sang un peu chaud, ça fait partie d'un vestiaire», a reconnu le sélectionneur en conférence de presse. Les joueurs se moquaient autant de Laurent Blanc que du président de la Fédération! Et il ne s'est trouvé en Pologne et en Ukraine aucun leader, aucun cadre (peu ou prou les mêmes qu'en Afrique du Sud) parmi les 23 pour remonter les bretelles de Nasri et Ben Arfa. Le président Noël Le Graët vole au secours de Nasri pour minimiser l'incident. Il essaye de colmater les brèches, mais lui-même ne croit pas à cette molle défense. Et le public ne le suit pas. Les amateurs de foot savent que Le Graët fait de la communication, ni plus ni moins et qu'il ne croit pas au fond à ce qu'il dit. Il ne faut pas prendre le public pour un troupeau de demeurés! Tenter d'amoindrir la portée de tels agissements rend complice celui qui le fait aux yeux des Français. Dans un monde où une masse d'informations et d'informateurs sans précédent est à la disposition du public, un dirigeant ne peut plus se permettre de se transformer en robinet d'eau tiède! Il est aux commandes et doit donc se prononcer sur des situations précises. En clair, pour Le Graët, Nasri avait-il raison ou tort? L'équation est assez basique, certes, mais sa résolution aurait permis au public d'y voir clair. La commission de discipline de la FFF, convoquée un mois après l'Euro a tranché. Nasri a écopé de trois matchs de suspension et Ben Arfa d'un rappel à l'ordre. Bien sûr, il n'est jamais conseillé de prendre des décisions à chaud. Mais pour espérer un réel impact, il aurait fallu apporter une réponse adaptée au moment de ces dérapages. Pourquoi attendre et justifier par l'absence de décision immédiate l'inquali-fiable ? Thierry aurait été furieux d'assister à un tel épisode douloureux du long feuilleton du foot français...

Mais les mentalités ont tellement évolué. Et les joueurs ont pris un tel ascendant sur les structures ! Un footballeur peut très bien aujourd'hui signer un contrat pour six mois ou cinq ans dans un club, il sait parfaitement que ce ne sont que des bouts de papiers, sans trop de valeur, et que s'il change d'avis et décide d'aller humer l'air sous d'autres latitudes avant la fin de son engagement, il y a parviendra. Ne tournons pas autour du pot : un joueur professionnel en 2014 fait ce qu'il veut, agit comme bon lui semble et s'affranchit de toute contrainte. Bien sûr, les clubs français n'ont pas la surface financière suffisante pour salarier à ne rien faire un élément qui a décidé de se mettre hors-jeu. Les Anglais, eux, peuvent payer un ou deux joueurs à rester sur la touche, mais économiquement, nos clubs sont limités, pieds et poings liés aux états d'âme des joueurs. Ce frein légitime la toute puissance de l'individu, malheureusement. C'est le diktat du joueur ! Roi du pétrole dans son club, pourquoi diable un footballeur se comporterait-il différemment quand il vient grossir l'effectif de l'équipe de France ? Ces gosses capricieux auxquels tout le monde obéit ont pris de mauvaises habitudes qu'ils importent dans le club France. Ils se permettent tout et se fichent de tout ! Où était donc le respect pour le palmarès de Laurent Blanc, successeur du calamiteux Domenech et sélectionneur courageux ? Footballeur, quand on a face à soi un homme qui a été champion du monde et d'Europe avec son pays, mais aussi champion d'Angleterre et champion de France en tant que joueur et entraineur, ça devrait inspirer une certaine humilité... Pas chez nous ! Sportivement, Laurent Blanc (dont la nomination deux ans plus tôt n'a souffert d'aucune contestation), dans un contexte très difficile et avec les moyens du bord, a rempli son contrat. Non seulement il est parvenu à qualifier le pays pour la phase finale de l'Euro, mais en plus il chute en quart de finale contre l'équipe la plus forte du monde à ce moment-là, l'Espagne, tenante du titre et futur vainqueur. Pour être plus précis encore, ça faisait longtemps qu'une équipe de France n'avait pas eu son sort entre les mains pour accéder à une qualification d'une compétition majeure. Elle s'en est sortie grâce à ce dernier match nul contre la Bosnie-Herzégovine au Stade de France *(1-1, le 11/10/2011)* qui lui a permis de terminer en tête de son groupe. On n'avait pas à sortir les calculettes pour savoir si les Bleus seraient « meilleurs deuxièmes » des qualifications, ni même à disputer un match de barrage ; un exercice qui ne laisse pas que de très bons souvenirs...

Thierry et moi-même considérions que son arrivée à la tête des Bleus était une bonne chose. J'ai évoqué son palmarès – incomparable à celui de son prédécesseur – et également sa manière de communiquer. Il parlait véritablement de football, ne laissant prise à aucun sentiment lyrique ou impressionniste et avec lui, on sentait qu'il y avait vraiment « un pilote dans l'avion ». Son profil pouvait par moment faire penser à celui d'Aimé Jacquet. C'était bon signe... Je pensais donc que ses résultats plaidaient en faveur de sa prolongation à la tête de la sélection. Le président Noël Le Graët en a décidé autrement. Or, deux ans de contrat, c'est court et ça ne laisse pas beaucoup de temps pour travailler en profondeur. Mais le patron du foot français a souhaité imprimer une rupture. D'ailleurs d'autres têtes – moins médiatiques que celle de Blanc – sont tombées à la Fédération, notamment celles d'un directeur financier, d'un directeur administratif de la Ligue de football amateur, du directeur national de l'arbitrage, d'un directeur de la communication et d'un chef de presse... À la décharge des décideurs du boulevard de Grenelle, les dépenses de Laurent Blanc n'étaient pas des plus digestes, particulièrement en temps de crise. On lui a reproché pas mal de lignes budgétaires : n'habitant pas à Paris, il descendait dans un hôtel un peu trop somptueux lorsqu'il se rendait à la capitale ; Fabien Barthez, qu'il a appelé pour continuer à encadrer les gardiens moyennant une pige de 90 000 euros en échange de cinq matinées de travail ; quelques postes de son staff qui doublonnaient avec des postes déjà pourvus ; un magasinier trop star... Au bout du compte, le directeur financier a estimé ce surcoût de fonctionnement à 2,5 millions d'euros par an. *Too much*, a tranché – en interne – la FFF. Ce qui avait été autorisé par le président intérimaire Fernand Duchaussoy à Laurent Blanc pour « sauver le soldat Bleu » ne l'était plus par Le Graët. Il faut dire que depuis 2005, celui-ci était déjà vice-président

de la Fédération, en charge des dossiers économiques. En clair, c'est lui qui s'occupait de
remplir le compte en banque de la FFF. On lui
doit notamment le gros contrat de sponsoring
des Bleus signé avec Nike. Pendant donc qu'il
remplissait les caisses, d'autres se chargeaient
de les vider. Élu président le 18 juin 2011, on
comprend qu'il ait eu à cœur de gérer en direct
et au mieux la Fédération...

La non-reconduction de contrat de
Laurent Blanc comme sélectionneur de
l'équipe de France n'a visiblement pas perturbé le public. Et c'est un euphémisme. Je
devrais plutôt dire que les gens n'en avaient
rien à faire. Pourquoi ne lui ont-ils pas manifesté plus de soutien ? Parce qu'une profonde
désaffection populaire s'est abattue sur le
foot français ! Outre une diminution signi-
ficative du nombre des licenciés, au profit
d'autres fédérations, il n'y a qu'à regarder les
audiences moyennes d'un match des Bleus
à la télé pour s'en apercevoir. Quand il n'y

a pas l'enjeu d'un match couperet – comme les barrages contre l'Ukraine, suivis par 9,3 et 13,5 millions de téléspectateurs – ou qu'il ne s'agit pas de phases finales de compétitions, l'équipe de France attire 5 à 6 millions de curieux sur TF1 (5,9 millions de fidèles ont par exemple regardé la victoire 6-0 contre l'Australie, le 11/10/2013). C'est très peu par rapport aux audiences que les Bleus réalisaient il y a encore une dizaine d'années, sur la Une. Thierry était navré de ce désamour. Mais si nous, observateurs du foot, avions le malheur de nous plaindre de cette indifférence, on se prenait un sévère retour de bâton des représentants des autres disciplines, sur le thème : «Vous les footballeurs, êtes pourris par l'argent... » Au lendemain du sacre européen des handballeurs français en janvier dernier, le coach Claude Onesta expliquait encore que si ses joueurs faisaient des merveilles sur le terrain et que les Français les soutenaient avec ardeur, c'est qu'ils n'étaient pas pollués comme d'autres sportifs, les footeux en l'occurrence, par la gloire et l'argent. C'est oublier un peu vite son drôle de comportement sur le plateau de L'Équipe TV, accompagné de Nikola Karabatic, tous deux venus fêter en direct – dans une ambiance folle de troisième mi-temps – le titre olympique des Bleus à Londres, en août 2012. La table du petit studio télé n'a pas résisté et la journaliste, décontenancée et peut-être effrayée, a juste failli rendre son tablier avant de prendre son courage à deux mains pour tendre son micro aux héros du soir... Et puis à ce tarif-là, on enterre aussi l'affaire des paris suspects autour du Montpellier Agglomération Handball, impliquant notamment les frères Karabatic? D'où proviennent cette apparente impunité et ce manque de mémoire? Pas seulement des excellents résultats des handballeurs! En 2013, le XV de France a fini à la dernière place au Tournoi des Six nations, et au total a essuyé huit défaites, pour un match nul et deux victoires toutes compétitions confondues seulement cette année. Mais ce n'est pas grave, on nous bassine avec les valeurs du rugby et on sourit des troisièmes mi-temps où tout le

175

monde se saoule. Oubliée l'affaire Bastareaud qui nécessita les excuses du Premier ministre Fillon à son homologue néo-zélandais en juin 2009, les bagarres entre joueurs d'une même équipe à l'entraînement ou les séances vidéo suivies par des gaillards encore alcoolisés ? On se gargarise encore du relatif exotisme inspiré par les exploits des Frenchies de la NBA et par le titre de champion d'Europe acquis par la bande à Tony Parker en septembre 2013... Mais notre «pépite» Joakim Noah n'a-t-elle jamais été prise la main dans le sac, un joint de marijuana dans ses affaires en 2008 aux États-Unis ? Et on accepte que le «jeune prodige» se moque de nous, invoquant des blessures à répétition pour ne pas disputer les J.O avec les Bleus en 2012 et préfère se préserver pour la NBA, plutôt que de jouer l'Euro l'année suivante, que les Bleus ont gagné sans lui ? Début février, il quittait le parquet des Sacramento Kings, viré par les arbitres qu'il venait d'insulter rageusement. La classe. Je veux bien que le foot ne soit pas tout blanc, mais il ne faut pas pousser le bouchon trop

loin! Mes collègues des autres sports appa-
raissent ainsi comme des parangons de vertu,
mais uniquement au prix d'un certain mépris
du football. Nul besoin de taper sur le foot
pour se valoriser. Nous sommes quelques
uns à dénoncer les limites franchies par les
footballeurs, moi en tête. Ce n'est pas la peine
d'en rajouter. Saluons ensemble les exploits
et les bons résultats de leurs poulains, mais
n'oublions pas ensemble leur comportement
qui n'a parfois rien à envier à celui de quelques
footeux. Soulignons aussi quand l'occasion
se présente les belles initiatives issues de tel ou
tel sport. Bref, soyons équitables! Et arrêtons
par la même occasion de stigmatiser l'argent
que gagnent les footballeurs. Tony Parker n'est-
il pas plus riche que nombre de footballeurs?
Et que dire de certains tennismen voire de certains capitaines de Coupe Davis qui résident
en Suisse, afin de s'alléger de quelque impôt?
Cessez ces leçons de morale, de patriotisme
et de comportement, nous nous en chargeons,
hélas! J'en ai assez que ces gens-là tapent sur
le foot pour redorer leur blason. Tant pis si

j'écorne ici l'image d'Épinal d'une prétendue solidarité, d'une confraternité, entre les différents écosystèmes du sport et entre leurs représentants. Sornettes et balivernes, tout cela n'existe pas.

13

Didier Deschamps
en route pour Rio

Le 8 juillet 2012, Didier Deschamps
a pris la relève de Blanc avec beaucoup de
modestie. Son incroyable palmarès plaidait
bien évidemment en faveur de ce choix.
Et je ne parle pas seulement bien sûr de
ses titres en tant que joueur... Entraîneur,
il a hissé Monaco en finale de la Ligue des
champions, remonté la Juventus de Turin en
série A et redonné des trophées à Marseille
(championnat de France, Coupe de la Ligue,
Trophée des champions) qui courait après
depuis des années ! Peu de ses homologues

font aussi bien ces derniers temps. Il a d'ailleurs été élu entraîneur français de l'année par France Football en 2003 et en 2010… Sa crédibilité est totale quand il prend les rênes de l'équipe de France. Deschamps fait partie de la dernière génération avec laquelle nous avons pu entretenir des rapports cordiaux et normaux, Thierry et moi. J'ai conservé des relations amicales avec lui. Il aurait aimé lui aussi être accompagné par son équipe dans sa nouvelle mission, mais a bien compris que le train de vie de la FFF avait changé. C'est donc avec son seul adjoint, Guy Stephan – ancien joueur de l'En-avant Guigamp, le club du président Le Graët – qu'il débarque boulevard de Grenelle. J'oserais dire que D.D. a été intronisé comme un «sélectionneur normal»… Comme Blanc, Deschamps a lui aussi fait montre de beaucoup de pédagogie vis-à-vis de ses troupes. Dès sa première conférence de presse, le 9 juillet 2012, il déclare : «*Au-delà de la qualité et du talent, il y a deux aspects importants : celui de la notion de groupe et de l'état d'esprit. Être international français, c'est magnifique, ça doit être un privilège pour chacun d'entre eux. Ils ont un devoir d'exemplarité.* » Deux mois plus tard, dans une interview au *Parisien*, il enfonce le clou, revenant sur un petit règlement interne mis en place, une sorte de charte de bonne conduite : « *Si un joueur sort du cadre, il s'éliminera de lui-même.* » Comme Blanc, Deschamps doit faire régner l'ordre au sein de sa tribu. Mais lorsqu'il déclare : « *Le souci pour certains* [joueurs], *c'est qu'ils ne savent pas ce qui est bien et mal, ce qu'il faut faire et ne pas faire*», on comprend que la tâche n'est pas simple. Et puis patatras ! À quelques jours du match de barrage contre l'Ukraine, le 15 novembre 2013, Patrice Évra, vêtu d'un joli sweat-shirt de l'équipe de France, fait une sortie de route sur TF1 et vide son sac, tapant sans discernement sur Bixente Lizarazu, Pierre Ménès, Luis Fernandez et Rolland Courbis. J'ai toutefois tendance à minimiser la portée de cet incident qui n'a occupé la presse spécialisée qu'une petite semaine. C'était une bombinette, en fait : des consultants vaguement ridiculisés par un joueur qui

181

ne vit pas très sereinement sa notoriété dans le milieu. Cet accro a confirmé ce que l'on savait déjà sur ce joueur : Évra se sert de son antériorité dans l'équipe de France et de son autorité due au brassard de capitaine qu'il porte dans son club de Manchester pour régler de tous petits problèmes d'ego. Il fait tout à l'envers. Et donc, pour se retrouver sur ses pattes, il est forcément tordu. Après tout, si ça lui a fait du bien à la tête et évité quelques séances de psychanalyse… passons à autre chose. Je le redis, le mal est profond et j'ignore quel remède miracle apporter. Je constate que dès qu'on laisse la bride sur le cou de ces sportifs professionnels de haut niveau, ils en profitent pour galoper sans retenue vers la prairie de la bêtise. Et elle semble vaste et bien verte. Avec des zozos pareils, nous ne sommes donc pas à l'abri de nouveaux coups d'éclat sur la route de Rio.

Sur un plan sportif, son challenge – la qualification pour la Coupe du monde 2014 au Brésil – était difficile, en partie à cause de la présence de l'Espagne dans le groupe des Bleus, mais aussi parce que la France n'est plus tête de série (et elle ne doit ce statut peu enviable qu'à elle-même). Mais Deschamps ne s'est pas caché derrière ce tirage. Cet homme hait la défaite plus que tout autre. Sélectionneur de l'équipe de France, il a été victime de ses qualités de joueurs. Voici ce qui me fait dire ça : il n'a jamais fait basculer un match grâce à un exploit personnel, mais préparait chacun avec minutie, méthode et rigueur, et s'impliquait à fond, chaque seconde de la rencontre. On connaissait le contenu de sa partie avant même qu'il l'ait disputée… Travailler et se comporter ainsi était tellement naturel pour Deschamps qu'il a peut-être oublié un temps de transmettre son amour du travail léché à ses joueurs, pour lesquels cet état d'esprit et cet engagement ne coulaient pas de source. Il a fait confiance à ses troupes, considérant ses garçons comme faits du même bois que lui. Il s'est dispensé de leur redire qu'avant un match, on se préparait, on s'investissait, on bossait, on se donnait, etc.

Contrairement à l'époque où il fréquentait son
équipe au quotidien à l'intérieur d'un club,
en équipe de France, il n'a les joueurs sous la
main que quelques courtes périodes par an. Je
n'invente rien, puisque Didier Deschamps a
lui-même confirmé qu'il avait besoin de répéter
ses messages, encore et encore. Ses propos
entre le match aller et le match retour contre
l'Ukraine ont été très différents de ceux qu'il
tenait jusque-là. Il est revenu à une communication de base très ferme, commentant
le manque d'engagement des siens à Kiev :
« *Il y a une équipe qui a joué un match de haut
niveau alors que nous, ça ressemblait à un match
ordinaire.* » Les Bleus avaient perdu 2-0 contre
une équipe qui ne la dominait pas de la tête
et des épaules. L'Ukraine nous avait mangés
physiquement, mais pas techniquement. Ces
adversaires avaient livré un match de guerriers.
Ce constat laissait donc de l'espoir aux Bleus.
« Il n'y a pas à se poser de questions, a déclaré
Deschamps qui appela de ses vœux à livrer
« un match hors norme ». Il faut se mettre dans
un état d'esprit de combat, de détermination,

de volonté » avait-il poursuivi, appuyé par le président Le Graët. Oui, on pouvait espérer une révolte à Saint-Denis, même si je craignais qu'il ne soit trop tard. Le message du sélectionneur a été reçu ! Les joueurs ont tous pris leurs responsabilités. Au match aller, je n'avais pas apprécié de voir Nasri se marrer dans le tunnel, trente secondes avant de pénétrer sur le terrain. Même si les joueurs ne vont pas à l'abattoir, un minimum de concentration ne peut pas nuire. Au Stade de France, les visages des joueurs au sortir du vestiaire étaient graves, pénétrés par l'enjeu. Enfin ! Le public a parfaitement joué son rôle. Il y avait quelque chose de particulier ce soir-là, comme des indices immatériels dans l'atmosphère. J'ai vécu cette ambiance différente quand j'étais joueur, notamment à l'occasion de certains grands matchs européens de l'AS Saint-Étienne. Plus le coup d'envoi approchait, plus je sentais l'exploit à portée de main. Thierry aurait, j'en suis certain, noté la tonalité particulière de la soirée. Il aurait su que la qualification était possible. Un sentiment de puissance entourait les joueurs. 3-0. L'équipe de France sera à la Coupe du monde. Une écharde de moins dans le pied des dirigeants… S'est-il passé quelque chose le 19 novembre dernier ? J'ai en tout cas beaucoup aimé cette rencontre qui m'a redonné un peu d'espoir pour la suite des opérations et j'espère qu'elle va servir encore. Les joueurs – qui ont certainement du talent – ont fait briller des valeurs auxquelles je suis très attaché : solidarité, dévouement, altruisme, engagement, persévérance… Comme le dit Rolland Courbis, une équipe «*emmerdante à jouer*» pour l'adversaire peut réussir. Et ce soir d'hiver, l'équipe de France a bien ennuyé les Ukrainiens. Quand ils avaient le ballon, un Bleu s'interposait et quand ils pensaient s'échapper, un autre surgissait. Ils étaient aussi impressionnés de voir que nos attaques ne s'arrêtaient jamais en chemin. Bref, Deschamps voulait «*un match total*», et je pense qu'il l'a eu.

Si les Bleus sont décidés à se refaire une santé, tant au plan des résultats que de l'affection du public, ce ne sera pas en faisant des petits ponts ou des reprises de volée impossibles, mais bien en déposant leurs tripes sur le terrain ! En se serrant ainsi les coudes, ils peuvent gêner quelques adversaires au Brésil. S'ils oublient ce dernier match qui les a envoyés au Brésil, ils redeviendront une équipe moyenne, avec un état d'esprit moyen... Là-bas, ils doivent terminer premiers de leur groupe, à l'issue des matchs contre le Honduras, la Suisse et l'Équateur, ce qui éviterait à priori d'affronter l'Argentine en huitièmes de finale. Le 15 juin, le premier match de l'équipe de France se déroulera après Suisse-Équateur. C'est bien de connaître le résultat de nos futurs adversaires avant d'entrer sur le terrain. Puis il faudra aborder le rendez-vous contre la Suisse « en mode ukrainien ». Si les Bleus virent en tête à l'issue des matchs de poule, je ne les vois toutefois pas terminer la compétition dans le dernier carré. Mais ils ont les moyens de jouer un quart de finale. Et qui sait ? Encore une fois, si ce jour-là le souvenir du 19 novembre 2013 vient frapper à la porte...

Thierry se serait régalé de ce Mondial chez les «Auriverde». Il était bien décidé à aller sur place pour M6 ou pour lui-même. Quand il m'en a parlé, il n'avait pas encore son accréditation, mais une profonde motivation. Il a commenté sa première Coupe du monde (pour laquelle la France n'était pas qualifiée) sur ce continent, en 1962 au Chili. Il aurait pu raconter aux téléspectateurs ce qu'il m'avait confié à moi : il habitait à Santiago, une petite douzaine seulement d'envoyés spéciaux français couvraient l'événement et il ne commentait pas les matchs en direct. Cela paraît incroyable aujourd'hui, mais Thierry assistait au match, comme un spectateur lambda. Puis, il se retrouvait en cabine à revoir le match projeté sur un écran à partir de bobines de film et c'est là qu'il enregistrait ses commentaires, sur une piste audio. Tout ce matériel repartait en avion à destination de la télévision, rue Cognacq-Jay à Paris qui ne diffusait tout ou partie des matchs que le lendemain, voire le surlendemain. Pas de direct ! C'était une autre époque, celle d'avant la mondovision. En dehors des frères Charlton et de Bobby Moore, les idoles de Thierry étaient à chercher du côté du Brésil : Garrincha, Didi, Vava, Pelé, Nilton Santos. Il adorait la Seleçao de 1958 et celle de 1970. J'espère que l'événement sera à la hauteur. Mais, en raison des problèmes politiques et sociaux, je nourris quelques craintes.

TROISIÈME PARTIE

ET MAINTENANT...

14

Qui sont
les jeunes footballeurs

Les joueurs aujourd'hui ne sortent pas de milieux plus ou moins populaires que leurs aînés. Les professionnels que j'ai côtoyés dans les années 1970 ou 1980 n'étaient pas fils d'avocats, de médecins ou d'industriels. Ils venaient d'horizons modestes, souvent ouvriers. Mes coéquipiers d'alors, les Bathenay, Synaeghel, Farizon ou Janvion n'avaient pas de parents milliardaires, mais des valeurs. Je ne crois pas que les footballeurs viennent tous de bas-fonds sordides, à présent. Mais il y a tellement d'argent... Quand on voit l'entourage immédiat de certains, on prend peur. Ils ont des agents qui eux-mêmes ont un avocat, sans oublier celui du joueur, les parents, les «amis», les femmes qui vivent à leurs crochets. C'est la cour du Roi! Une cour de rapaces et de mauvaises éminences. Si, comme le disait Thierry à propos de Hrubesch, ce ne sont pas tous des sosies d'Alain Delon, contrairement à ce qu'ils imaginent parfois, au moins, ces garçons ont la santé et la fortune. Mais ils ne rêvent que de jouissances immédiates, matérielles et physiques, qui sont loin d'être les meilleures conseillères de l'homme. Le cocktail sexe plus argent est détonnant et n'a jamais hissé personne tout en haut... Je n'écris que ce que j'ai vu. Quiconque a eu le privilège un jour de fréquenter les salons de réception de l'équipe de France ou de certains clubs après un match, sait que je dis vrai.

Je fréquente des jeunes et des adolescents à travers mes activités de président de district, de bénévole à la JAB de Pau et des stages que j'organise dans le Sud-Ouest, ils ne ressemblent pas à tous ces joueurs. Non, la norme pour un jeune en 2014 n'est pas d'afficher des tatouages en série, une coupe de cheveux à l'iroquoise ou pire encore, des diamants dans les oreilles, des pochettes de marque en bandoulière ou des baskets vernies! Le look de certains footballeurs n'est en rien le reflet de la jeunesse dans son ensemble. Ce sont des produits marketing qui tutoient les cimes du superficiel en se prenant pour des icones people! Je n'attends pas d'un sportif de haut niveau un discours étayé sur l'évolution de la physique nucléaire ni une thèse de géopolitique, mais seulement de s'exprimer correctement. Les sujets récurrents de conversation parmi les futurs professionnels sont: le montant du contrat, les filles, les voitures. Ils veulent exister par tous les moyens, mais ne voient pas plus loin que le bout de leur nez. Rémi Garde était effondré que son joueur Samuel Umtiti se fasse livrer sur le parking du club une Maserati neuve devant des supporters qui de toute évidence ne gagnent pas le même salaire que lui, et surtout, au lendemain d'une défaite *(2-1, contre Ajaccio, le 25/09/2013)*. Le coach de l'OL a pourtant vingt ans de moins que moi. Mes prises de position ne sont pas celles d'un vieux réactionnaire, me semble-t-il. On ne peut pas opposer l'âge à des principes de savoir-vivre qui reposent, entre autre, sur la décence...

Les jeunes footballeurs de club, n'ayant pas cette aisance matérielle, en rêvent, hélas et ont tendance à prendre les professionnels en exemple. Leurs familles, elles, s'identifient plus à leur portefeuille. C'est là que réside le drame. Des parents sont prêts à renier le concept d'amour filial pour transformer leur enfant en source de revenus. Les gamins deviennent l'espoir d'un avenir meilleur. Quelle pression ! Ils sont poussés au maximum. On les balade de centre en centre, mais neuf fois sur dix, il n'y aura aucun débouché, seulement un jeune qui est passé à côté de son instruction, et qui avance sur la voie d'une existence compliquée. On tombe dans l'exact inverse d'une démarche éducative vertueuse. Je reçois régulièrement des coups de fil de parents qui inscrivent leur garçon à mes stages et qui me préviennent au préalable qu'il est très doué. J'en prends bonne note, mais je n'ai jamais assisté à la naissance d'un prodige... Si un enfant ou un ado est bien au sein de son club de quartier, qu'il y reste ! Il apprécie ses copains et ses éducateurs ? Tant mieux ! Et si son destin doit basculer, ça se fera naturellement. Le maillage est très bien fait chez nous. Les détecteurs officiels (souvent des techniciens salariés des districts et des ligues) de tous les niveaux font du bon boulot. Un bon petit footballeur sera repéré à un moment ou à un autre. Que les parents fassent confiance aux gens dont c'est le métier. Le jeune, s'il parvient à vivre du football, aura le temps de remercier ses parents de lui avoir laissé une chance, sans le pousser. Je rappelle qu'entre la Ligue 1 et la Ligue 2, on dénombre environ 1 500 footballeurs professionnels en France. C'est un chiffre minuscule à mettre en perspective des millions de gamins qui tapent la balle dans la cour de l'école ou sur le synthé-tique de leur petit club !

197

J'entends dire que la population, notamment dans les grandes métropoles, des jeunes footballeurs n'est pas toujours très reluisante. Elle est le reflet de celle qui y vit, tout simplement. Et si les gamins parlent très mal et se parlent très mal aux abords du club, à l'intérieur des vestiaires, sur le terrain, ce n'est pas à cause du foot… Ils parlent comme ils en ont l'habitude. Les rapports de force, les conflits, l'agressivité que les parents notent parfois autour des entraînements de leur fiston ou des matchs du week-end sont le quotidien de ces jeunes. Le ballon n'exacerbe rien! Mais on ferme les yeux. Pour soutenir l'association ELA de Zinedine Zidane, j'ai récemment fait une dictée à des élèves du lycée professionnel Louis de Foix, de Bayonne. Ces jeunes n'ont aucun lien avec le foot et on ne peut pas considérer ce lieu comme une zone de sécurité prioritaire (qui «*souffre plus que d'autres d'une insécurité quotidienne et d'une délinquance enracinée*» ou qui «*connaît depuis quelques années une dégradation importante de ses conditions de sécurité*», selon les termes du ministère de l'Intérieur). J'ai été très surpris du niveau de langage au cours de nos échanges et du niveau de l'orthographe. La façon dont un enfant du primaire s'adresse aujourd'hui à son professeur des écoles a tellement changé en trente ans ! Ce n'est pas un scoop… L'autorité est beaucoup moins respectée et dans l'attitude et dans le verbe. Bien sûr, moi aussi je suis beaucoup plus cool avec mes enfants que mes parents ne l'ont été envers moi. Mais il y a des principes avec lesquels je ne transige pas. Des parents peuvent être sympas sans être laxistes. La sphère politique porte sa part de responsabilité, qui accepte tout, pardonne tout et oublie tout. Considérer que tout se vaut est une grave erreur ! On n'est pas à égalité pour devenir footballeur, pas plus que médecin ou ingénieur. Il faut arrêter de faire croire ça. Les jeunes rechignent à présent à intégrer un lycée professionnel parce qu'ils vivent ce parcours comme une sanction. On fait miroiter le bac général comme une panacée. La rançon est bien amère. Les parents doivent reprendre les choses en main, voilà le remède. L'état ne peut pas tout. Il n'aura jamais les moyens de mettre un professeur, un éducateur, une assistante sociale derrière chaque enfant! Ces professionnels de la pédagogie ne sont là qu'en complément des parents, qui ne doivent pas abandonner. Mais quand ils se montrent un peu sévères, on a le sentiment qu'ils font vivre un traumatisme irréversible à leur progéniture. On est à côté de la plaque. Pourtant, je crois que les enfants sont demandeurs d'exemples, d'explications, d'argumentations, de discussions. Ils aiment savoir pourquoi un comportement n'est pas adapté ou une action n'est pas bonne. Depuis quelques années, on semble être entré dans l'ère de l'enfant roi. C'est une porte ouverte à la permissivité. Or, l'enfant n'a pas toujours raison.

J'ai peur que le football professionnel ait pris en France cette mauvaise direction. Dès qu'un jeune de 19-20 ans signe son contrat pro, il quitte le centre de formation, qui le contenait un peu, et retombe dans ses travers et ses mauvaises habitudes. Je ne crois pas que la mentalité soit la même à l'étranger. À travers mes lectures et mes rencontres, il me semble qu'il existe un respect mutuel beaucoup plus important entre le public et les joueurs. Après la défaite de leur club en Coupe de France face à Nice *(4-5, le 21/01/2014)*, les joueurs marseillais se font traiter de «sous-hommes» par le principal groupe de supporters de l'OM qui voulaient les «humilier», leur «faire vivre l'enfer». Où sommes-nous? En France. Les rapports sont très différents en Angleterre, en Espagne, en Italie, en Allemagne ou au Portugal. Après la disparition d'Eusebio, le pays a observé un deuil national de trois jours!

Plus que les colossales sommes d'argent en jeu, c'est le profil et l'âge de ceux qui les récoltent qui posent problème au foot. Un chef d'entreprise peut être plus riche qu'un footballeur, mais il aura mis en général plus de temps à bâtir sa fortune. La réflexion au départ et l'expérience de la vie ensuite permettent à beaucoup de gens très riches de ne pas «péter les plombs». C'est la brutalité de l'arrivée de telles mannes qui fait perdre pied aux jeunes footballeurs. C'est un tsunami dans leur existence. Ils ne sont pas armés. Sans oublier la notoriété soudaine qui accompagne ce jackpot. Parce qu'il met trois buts en trois matchs, un gars va faire les gros titres. Il doit être solide et lucide pour garder les pieds sur terre. On fait tout pour faire croire aux footballeurs qu'ils sont des stars. Décrocher l'interview (qui ne révolutionnera pas le genre) d'un second couteau du PSG est un vrai parcours du combattant. Laissons vivre ces messieurs normalement. J'ai reçu à Saint-Jean de Luz l'équipe de France des U19 pour deux matchs amicaux contre l'Allemagne, ce sont des gamins charmants. Quand ils signeront leur contrat professionnel, avec 10 000 euros mensuels ou plus à la clef, peut-être perdront-ils la tête. Il faut être armé pour résister. Mais ce n'est jamais assez. Je sais que certains flambent tellement qu'ils sont capables de demander des acomptes à la direction de leur club dès le 20 du mois. Et pourtant, ils ne touchent pas le Smic!

15

On se trompe de cible

J'ai évoqué parmi les souvenirs douloureux de matchs commentés avec Thierry ces deux rencontres en 2001 et 2002 au cours desquelles La Marseillaise fut sifflée. Je redis que ce n'est pas le foot qu'il convient de stigmatiser. Le soir de l'élection de François Hollande à la présidence de la République, on a vu autant de drapeaux étrangers que français brandis place de la Bastille. Pourquoi ? Et le soir de la qualification de l'équipe de France pour le Mondial 2014, l'Algérie s'étant elle aussi qualifiée quelques heures auparavant, pourquoi a-t-on vu autant de drapeaux algériens que

français sur les Champs-Élysées ? On a dû
rater quelque chose, non ? Ces drapeaux
étaient tenus à 90 % par des Français, nés ici.
Comment se fait-il que ces gens ne se sentent
pas chez eux, dans leur pays, au point de
brandir un autre étendard que celui de leur
patrie ? Ils n'en sont pas fiers ? Ils ne se sont en
tout cas pas sentis bien accueillis pour tourner
casaque. Et ce triste constat ne date pas d'hier.
Je peux multiplier les exemples. Ma femme et
sa famille d'origine italienne vivent en France
depuis au moins trois générations. Chez eux,
personne ne parle italien, mais tous sont de
vrais amateurs de foot. Et ils brandissent
le drapeau vert blanc rouge, les soirs où joue
la squadra azura. Un comble ! À l'inverse. Il
faut absolument que les communautés fassent
vivre leurs racines, mais pour une intégration
réussie, on en compte dix de ratées. Or, ce
devrait être l'inverse. Je comprends très bien
que des communautés tiennent à faire vivre
leurs racines, mais aux États-Unis, un immigré
de la deuxième génération se considère avant
tout comme un Américain. La nation a fait

son œuvre, elle a cimenté les citoyens. Pas chez nous. Voilà ce qui me fait dire que ce n'est pas le football qui engendre des attitudes inappropriées, mais l'intégration qui n'a pas fonctionné ! Le foot n'est que l'otage malheureux d'une situation qui le dépasse.

Récemment, en ma qualité de président du district des Pyrénées Orientales, j'assistais à une réunion à Pau pour trouver un terrain de repli au Pau football club. Quelqu'un a proposé que l'on fasse jouer ce club sur le terrain de L'Ousse-des-Bois, un quartier très sensible de la ville. Ce stade est régulièrement le terrain d'incivilités. Pour faire passer sa décision, le président de l'agglomération décide de sécuriser un peu plus le stade, pensant que les dégradations ou les actes de violence cesseraient. Mais les politiques planent ! Les jeunes qui font régner le désordre autour de ce stade se moquent complètement que la sécurité y soit prétendument renforcée. S'ils mettent le bazar, et entendent continuer, ils le feront. La preuve, un maître-chien, appelé à la rescousse pour le bon déroulement d'un match de Coupe Gambardella a rendu ses rangers et son bomber à la mi-temps, victime de sérieuses intimidations. Des jeunes le menaçaient de lui faire la peau, ainsi qu'à son chien, s'il s'attardait un peu trop longtemps sur les lieux. Les politiques doivent être confrontés à ce genre de récit pour réaliser la gravité de la situation. Il a encore fallu que le président de la Ligue d'Aquitaine raconte que des arbitres officiels s'étaient faits dépouiller, et ne remettraient plus les pieds là-bas, pour que les dirigeants locaux comprennent que sans eux, adieux matchs et compétitions. Ce ne sont pas les petits joueurs du Pau FC qu'il faut incriminer. On ne doit pas se tromper de cible ni prendre le problème à l'envers. Poser un stade de foot dans un environnement qui n'est pas propice ne résoudra aucun problème. Le foot n'est pas une potion magique. Il ne peut pas résoudre tous les problèmes.

L'image communément répandue que le football bénéficie d'énormes moyens, que ce sport baigne dans l'opulence et qu'il n'a pas besoin de subventions entraîne une répartition des aides à l'échelon local très aléatoire. Quelle erreur !

16

Le Qatar, et alors?

(mondialisation et ballon rond)

L'arrivée d'actionnaires qataris au PSG en 2011 n'a pas perturbé Thierry plus que moi. Il n'y a pas de quoi avoir des états d'âme après tout. L'Angleterre, berceau et patrie de foot avait déjà ouvert ses clubs à l'Émirat. Arsenal a quitté son stade mythique de Highbury en 2006 pour l'Emirates Stadium sans sourciller. Pourquoi la France se recroquevillerait-elle sur elle-même et devrait-elle gérer ses clubs de foot à la papa? Les capitaux étrangers qui contrôlent certaines de nos entreprises du CAC 40 ne font pas pousser des cris d'orfraies aux observateurs économiques,

à l'exception de quelques pépites familiales.
Le sport professionnel a lui aussi le droit
d'accueillir des investisseurs étrangers. Il y
a quelques années, nombre de supporteurs
du PSG s'étranglaient en commentant la prise
de contrôle de leur club par Colony Capi-
tal. Ils battaient froid au règne de l'argent
roi, souhaitaient que Paris appartienne aux
Parisiens et exposaient d'autres vues assez
courtes. On les entend moins aujourd'hui que
le PSG gagne. La mondialisation touche le
foot et il n'y a pas de quoi s'en plaindre ou s'en
étonner : c'est une activité économique comme
une autre. C'est pourtant ce que font de nombreux clubs qui n'ont pas encore trouvé leur
chevalier blanc. Si demain Lyon, Marseille
ou Saint-Étienne parvenaient à attirer dans
leurs filets des investisseurs de poids, je suis
persuadé que leurs dirigeants cesseraient de
pointer du doigt la surface financière de Paris
ou Monaco. On ne compte plus les voyages
de Jean-Michel Aulas au Moyen-Orient à la
recherche de «partenaires» et pourtant, que
ne dit-il pas sur Qatar Sports Investments ?

210

Il faut vivre avec son temps et ne pas entrer dans ce bal des hypocrites.

Briller au sommet de l'Europe donne une dimension internationale à un club. La compétitivité sur la scène internationale a un coût. Pour conquérir la Ligue des champions, il faut que les clubs français changent de dimension. Deux d'entre eux l'ont déjà fait et ne le regrettent pas en terme d'image. C'est bon signe. Comme la foule attire la foule, l'argent attire l'argent. Il faut veiller à ne pas décourager ces futurs investisseurs à coups de réformes fiscales trop radicales... Si le PSG ou Monaco ont de bons résultats sur le plan européen, il ne feront pas figure trop longtemps d'exceptions françaises. Est-il plus judicieux pour le nabab malais T.G. d'investir à Cardiff plutôt qu'à Lille ou Lyon, deux belles métropoles hexagonales ? Cet argent se met au service de défis sportifs mais rejaillit sur tout un écosystème. Comme dans tout secteur de l'économie capitaliste, le foot doit faire tourner la machine. En Premier

211

League, un club anglais de fin de tableau touche plus de droits issus de retransmissions télévisées que les leaders de la Ligue 1. Et l'État français, en la personne du ministre de l'Économie et des Finances, notamment, se frotterait les mains d'abriter dix clubs aussi riches que le Paris Saint-Germain qui participent à l'effort national à travers leurs impôts, les charges sociales qu'ils payent, les taxes sur les spectacles, le développement du merchandising, l'ouverture de boutiques, de sites marchands, la créations d'emplois directs ou indirects...

Les bénéfices d'un tel schéma rejailliraient également sur le football amateur. Si le nombre de licenciés venait à remonter, ce que j'espère vivement grâce à la prochaine Coupe du monde ou à l'Euro organisé chez nous, alors les partenaires locaux du foot retrouveront de l'intérêt à soutenir ce sport. Les bons d'achat offerts aux clubs par les districts seraient victimes d'une inflation bienvenue. De quoi acheter les ballons, les maillots, les shorts et que sais-je encore, qui manquent trop souvent aux petits clubs, étranglés par le manque de moyens. Il faut dire que les lignes budgétaires qui sont déjà disponibles ne sont pas toujours bien utilisées par la FFF. Donnons des moyens à la formation des arbitres, des éducateurs et des dirigeants, améliorons la qualité des équipements, plutôt que de dépenser ces sommes en banquets et autres réceptions d'après comités de direction... La Fédération et la Ligue de football amateur devraient mieux surveiller l'utilisation des allocations par certains.

L'arrivée de gros investisseurs dans notre championnat peut créer beaucoup d'avantages collatéraux. Il ne faut pas se pincer le nez. Et tant pis si aucun joueur français n'est aligné un soir dans le onze de départ du PSG. Arsenal a déjà vécu ça. Il faut savoir ce qu'on veut. On ne vit effectivement pas au pays des Bisounours. De moins bons joueurs ne rempliraient peut-être pas le Parc des Princes et ne permettraient pas d'écouler beaucoup de

maillots… Les donneurs de leçon qui mettent
en balance la pauvreté en France et les salaires
astronomiques de quelques super stars du foot
ne raisonnent pas bien. Je suis d'accord avec ce
constat : certains gagnent trop et beaucoup ne
gagnent pas assez. On peut en débattre à l'infini. Mais à force d'écouter ces observateurs
bien pensants, on a l'impression que l'arrivée d'un joueur comme Zlatan Ibrahimovic
a créé d'un coup une armée de pauvres. C'est
faux. Le problème n'est pas le salaire d'Ibra,
c'est qu'il y a des gens pauvres chez nous ! Et
ils étaient là avant l'arrivée du géant parisien.
À poser de mauvaises questions, on apporte
de mauvaises réponses.

Ma liste des 23 pour le Brésil

Avant de me prêter à ce petit exercice, et au moment de mettre la dernière touche à ce livre, le match amical livré par l'équipe de France face aux Pays-Bas *(2-0, le 5/03/2014)* a confirmé la bonne impression que les joueurs m'avaient faite à l'occasion du match retour des barrages contre l'Ukraine. Le Stade de France ne s'y est pas trompé qui a soutenu avec cœur son équipe. C'est un choix... évidemment subjectif que de dresser ici « ma liste » des 23 joueurs qui représenteraient notre pays à la Coupe du monde 2014, au Brésil. Mais il est assumé et de toute façon,

215

sans conséquence pour ceux qui ne sont pas retenus, mais qui le seront par Didier Deschamps.

Gardiens : Lloris, Mandanda, Ruffier.
Ruffier, pour deux raisons : il représente l'avenir comme numéro un et surtout par ce que ses performances sont très nettement supérieures à celles de l'habituel troisième choix de Didier Deschamps, Mickaël Landreau.

Défenseurs : Debuchy, Sagna – Sakho, Koscielny, Varane, Perrin – Kursawa, Digne.
Je retiens Loïc Perrin, avec les trois autres défenseurs axiaux, pour l'ensemble de sa carrière, pour la qualité de ses performances depuis deux saisons à ce poste, pour sa polyvalence (il peut jouer latéral et au milieu) et enfin pour son état d'esprit et son comportement exemplaires. Cela fait beaucoup de bonnes raisons, et en plus je n'en vois aucune mauvaise.

Pas de Patrice Évra ! Pour l'ensemble de son

œuvre, mais avant tout parce que sa saison avec Manchester United est très, très moyenne. De plus, malgré ses multiples *mea culpa* le groupe n'est pas à l'abri d'un pétage de plomb, dont il est coutumier.

Milieux : Cabaye, Grenier, Matuidi, Pogba, Sissoko, Stambouli.
Replacé devant la défense centrale, Stambouli est à ce jour à mes yeux la seule « sentinelle » sécurisante dans un match considéré comme difficile. Son pendant offensif devrait être Grenier qui a énormément progressé sur les coups de pied arrêtés. À quand remonte notre dernier coup franc direct transformé dans une phase finale ? Dix ans ! Une éternité en football.

Je ne retiendrais pas Valbuena, dont les exhibitions avec son club sont loin d'être convaincantes, en termes de rendement et d'efficacité. Beaucoup – et à juste titre – me rétorqueront qu'avec les Bleus il a souvent été parmi les meilleurs. Oui, mais à cette époque, il l'était

aussi avec l'OM. Or, aujourd'hui, ses performances sous le maillot olympien sont à rap-
procher de celles de Patrice Évra : très, très
moyennes. « Moyennasses », même, comme
dirait Moscato.

Attaquants : Benzema, Giroud, Ribéry, Rémy,
Griezmann, Lacazette.
   Si l'on considère qu'avec Ribéry à gauche et
Benzema ou Giroud dans l'axe, les postes sont
pourvus, le problème reste entier sur le flanc
droit. Rémy et Lacazette qui ont eux aussi
occupé ce poste, pourraient être une alter-
native si Didier Deschamps choisit un 4-3-3.
Ces deux joueurs représentent aussi une solution de remplacement dans l'axe, rôle qu'ils
occupent désormais à Newcastle et à Lyon.

   Quant à Griezmann, il excelle en qualité
d'électron libre, aussi bien à gauche (il
est gaucher) que sur le côté droit, comme
« faux-pied ». Il s'appuie aussi sur une vitesse
de course intéressante et un jeu de tête sans
rapport avec sa (petite) taille.

Épilogue

Il y a encore quelques semaines, je n'étais pas du tout supposé faire mon sac pour couvrir la prochaine Coupe du monde, au Brésil. Mais tu le sais, mon cher Thierry, en football comme dans une carrière journalistique, les choses peuvent parfois aller très vite. « Madame Régine » m'a donné son feu vert et j'ai accepté la proposition de RMC et BFMTV. Je rejoindrai São Paulo dès le 12 juin, jour où le Brésil affrontera la Croatie en match d'ouverture. Pendant vingt jours, je suivrai sur place mon neuvième Mondial. Mais cette année, je ne ferai pas de commentaires à la télé… Une fête que j'aurais tant voulu partager avec toi. Cet événement qui a rythmé nos vies pendant un quart de siècle, sera l'occasion de laisser remonter à nouveau quelques souvenirs à la surface. À l'image de ceux que j'ai essayé de partager dans ce livre avec les amateurs de football qui nous accordaient leur confiance. Je ne sais pas encore si je dénicherai un bon petit restaurant italien en Amérique du Sud, mais pour ponctuer la rédaction de cet ouvrage, je suis allé déjeuné chez Livio, à Neuilly. J'y ai reconnu les têtes familières des serveurs qui s'occupaient déjà de nous il y a de longues années. Eux non plus, ils ne t'ont pas oublié Thierry.

Table

Hugues Berthon est rédacteur en chef, spécialiste de l'univers télévisuel. À ce titre, il croisa plusieurs fois la route de Thierry Roland. Des moments chaleureux. Fidèle aux Verts de Saint-Étienne, il signe son troisième livre avec Jean-Michel Larqué et tient par ailleurs un site de foot nostalgie : lebruitdescrampons.wordpress.com.

Jean Rességuié est la voix du foot sur RMC, où il officie depuis un quart de siècle. Rédacteur en chef, il y commente tous les grands rendez-vous. On le retrouve aussi sur BFMTV dès que le foot s'invite dans l'actu. Clin d'œil du destin, c'est le capitaine Larqué qui lui a donné l'envie de faire ce métier.

MAQUETTE ET MISE EN PAGES

IMPRESSION : CORLET S.A. À CONDÉ-SUR-NOIREAU (14)
DÉPÔT LÉGAL : MAI 2014. N° D'IMPRESSION 163305
Imprimé en France